T0129725

Anti-Stress-Trainer

Reihe herausgegeben von
Peter Buchenau
The Right Way GmbH
Waldbrunn, Deutschland

Stress ist in unserem Privat- und Berufsleben alltäglich und ist laut WHO die größte Gesundheitsgefährdung im 21. Jahrhundert. Die durch Stress verursachten Krankheitskosten erreichten bereits jährlich die Milliarden-Euro-Grenze. Jeder Mensch ist aber verschieden und reagiert unterschiedlich auf Stress. Als Ursache lässt sich Stress nicht einfach und oft erst spät erkennen, sodass Prävention und Behandlung erschwert werden. Die Anzahl der durch Stress bedingten Erkrankungen nimmt folglich weiter zu, Ausfälle im Berufsleben sind vorprogrammiert. Die Anti-Stress-Trainer-Reihe setzt sich mit dieser Thematik intensiv in einem beruflichen Kontext auseinander. Initiator Peter Buchenau gibt Experten aus unterschiedlichen Branchen die Möglichkeit, für Ihr jeweiliges Fachgebiet präventive Stressregulierungsmaßnahmen unterhaltsam und leicht verständlich zu beschreiben. Ein kompaktes Taschenbuch von Profis für Profis, aus der Praxis für die Praxis. Leserinnen und Leser, egal ob Führungskräfte, Angestellte oder Privatpersonen, erhalten praxiserprobte Stresspräventionstipps, die in ihrem spezifischen Arbeits- und Lebensumfeld eine Entlastung bringen können.

Weitere Bände in der Reihe
http://www.springer.com/series/16163

Dunja Schenk

Der Anti-Stress-Trainer für Working Moms

2. Auflage

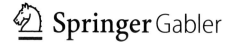

Dunja Schenk
Dunja Schenk Training & Coaching
Metzingen, Deutschland

ISSN 2730-6860   ISSN 2730-6879   (electronic)
Anti-Stress-Trainer
ISBN 978-3-658-34513-6   ISBN 978-3-658-34514-3   (eBook)
https://doi.org/10.1007/978-3-658-34514-3

Die Deutsche Nationalbibliothek verzeichnet diese Publikation in der Deutschen Nationalbibliografie; detaillierte bibliografische Daten sind im Internet über http://dnb.d-nb.de abrufbar.

Ilustrationen: Peter „Peps" Schmitt, Würzburg

Planung/Lektorat: Nora Valussi
Springer Gabler ist ein Imprint der eingetragenen Gesellschaft Springer Fachmedien Wiesbaden GmbH und ist ein Teil von Springer Nature.
Die Anschrift der Gesellschaft ist: Abraham-Lincoln-Str. 46, 65189 Wiesbaden, Germany

Für meine Familie, ohne die ich meinen Job, den ich so sehr liebe, nicht ausüben könnte. Danke, dass ihr alle immer hinter der Working Mom steht, auch wenn das manchmal großen Stress für alle bedeutet.
Wir sind ein großartiges Team!

Geleitwort

Hier schreibt Markus Schenk. Ich bin ein Working Dad und verheiratet mit der Working Mom, von der dieses Buch hier stammt. Grund genug, auch ein paar Worte an die Leser*innen zu richten.

Als mir meine Frau von dem neuen Buchprojekt erzählte, hatte ich sofort viele Bilder im Kopf, die wir seit dem „Elterndasein" erlebt – oder besser durchlitten hatten. Gerade in unserer Konstellation, in der beide Elternteile voll erwerbstätig sind, sind die typischen Stressauslöser meist alltägliche Dinge, die wohl alle Eltern kennen: zeitlich völlig unpassende Anrufe der Betreuungseinrichtung, dass das Kind abzuholen sei, weil es sich einen Zahn ausgeschlagen hat; das schnelle Einkaufengehen mit den Kindern nach dem Kindergarten oder das zeitige Zu-Bett-Bringen von zwei Rabauken, um noch vor Mitternacht einen gemütlichen Abend zu zweit zu verbringen.

Doch warum kommen die Männer nicht zu Wort, warum geht es „nur" oder hautsächlich um die Mütter, die ach so gestresst seien? Tatsächlich leiden aus meiner Sicht die Frauen besonders unter Stressfaktoren, die bei den Vätern nicht so vorkommen. Diese Faktoren der Mütter werden auf den folgenden Seiten sehr ausführlich und mit konkreten Beispielen lebhaft behandelt. Die meisten Punkte sind sehr persönlich durch die bisherigen Erfahrungen meiner Frau beschrieben.

Die berufstätigen Frauen jonglieren mit so vielen Bällen gleichzeitig, dass es einem als Mann mit der berühmten „Multitaskingschwäche" regelrecht schwindelig werden kann. Es ist schon beeindruckend, wie sie alles meistern! Doch jeder weiß, dass das selten entspannt und stressfrei passiert.

Ich kann sagen, es lohnt sich, sich der Stressfaktoren bewusst zu werden: Selbsterkenntnis ist ja bekanntlich der erste Schritt. Mit diesem Buch kann jedermann(-frau) beim Durchlesen in sich gehen und schauen, welche Faktoren bei sich am ehesten auftreten.

Meine Frau hat in den letzten Jahren viel an sich gearbeitet und sieht so manches nun lockerer und entspannter. Sie lässt sich nicht mehr so leicht unter Druck setzen und kann so ihren Job erst mit Freude und Leichtigkeit ausüben.

In diesem Sinne: Ich wünsche erhellende Lektüre!

Markus Schenk

Vorwort zur 2. Auflage

Vier Monate nach Erscheinen dieses Buches wurde ich in die Landesschau Baden-Württemberg eingeladen. Dort durfte ich über meinen Alltag als selbständige Unternehmerin sprechen und wie ich es schaffe, bei all den Herausforderungen immer noch gelassen zu bleiben. Ich berichtete von der ausgeglichenen Aufgabenverteilung im Haushalt zwischen mir und meinem Mann und unserem Familienleben als eingespieltes Team, das aber auch nur so gut funktionierte, weil ich an mir und meiner inneren Einstellung gearbeitet hatte.

Das Interview wurde live am 6. März 2020 ausgestrahlt. Exakt eine Woche später wurde der erste Lockdown verkündet und ich war von einem Moment auf den anderen arbeitslos, weil mein Job bis dahin hauptsächlich aus Präsenztrainings bestand. Mein Mann befand sich auf einmal zu 100% im Homeoffice und wir hatten zudem ein Grundschulkind und ein Kindergartenkind vollzeit zu Hause zu betreuen. Auf einmal war nichts mehr wie zuvor.

Da ich erst einmal beruflich nichts zu tun hatte (alle Präsenztrainings wurden natürlich abgesagt), fand ich mich schlagartig in die Rolle der ausschließlichen Hausfrau und Mutter katapultiert: Das, was ich nie sein wollte. Ich akzeptierte die neuen Gegebenheiten und wir spielten uns ein. Doch als ein paar Wochen später meine Arbeit zurückkam und ich mein Onlinebusiness startete, waren auf einmal die Probleme wieder da: Wer kümmert sich denn nun um was? Und wie schaffe ich es, Job, Haushalt und Kinder unter einen Hut zu bekommen?

Zugegebenermaßen war das Leben unter Pandemiebedingungen eine Ausnahmesituation, die zum Zeitpunkt der 2. Auflage noch in Teilen anhält. Dennoch zeigte sich genau in dieser Situation, wie wichtig es ist, sich mit dem Thema Stress auseinanderzusetzen. Denn das Thema Homeoffice und Homeschooling hat uns mehr als je zuvor abverlangt. Diese Mehrfachbelastung kann man nur dann unbeschadet überstehen, wenn man sich nicht zusätzlich auch noch unter Druck setzt.

Der Anti-Stress-Trainer für Working Moms ist daher aktueller denn je. In der 2. Auflage habe ich für euch Working Moms die Kapitel aktualisiert und auch die Themen Homeoffice und Homeschooling berücksichtigt. Außerdem findet ihr noch ein neues Kapitel ganz am Ende des Buches mit wertvollen Tipps, was ihr tun könnt, wenn (so wie wir das in der Pandemie mehrfach erlebt haben) eure Belastungsgrenze überschritten wird.

Ich wünsche viel Freude beim Lesen und viele wertvolle Erkenntnisse!

Dunja Schenk

Vorwort

Dreizehn Jahre war ich in einem Großkonzern angestellt, sieben Jahre davon als Assistentin auf unterschiedlichen Führungsebenen. In diesem Job lernt man nicht nur sich selbst, sondern auch den oder die Chefs bzw. Cheffinnen zu organisieren und zu strukturieren. Ich war es gewohnt, mit stressigen Situationen umzugehen, Überstunden zu machen und jeden Tag flexibel zu bleiben. Schließlich weiß man als Assistentin nie, was der Tag so bringt. Selbst wenn man einen perfekt durchgeplanten Tagesplan hat, kommt meist der Vorgesetzte und wirft diesen wieder komplett um. Ich dachte, dass ich nach diesen sieben oft sehr herausfordernden Jahren auf jeden Stress im Leben vorbereitet war. Doch dann wurde ich Mutter und eines Besseren belehrt.

Meine Familie, allen voran meine zwei wundervollen Söhne Felix und Moritz, beeinflusst mein Leben und meinen Alltag wie nie zuvor. Ich hätte nie gedacht, dass ich als berufstätige Mutter keine Zeit mehr für meinen

Perfektionismus haben werde und es kaum möglich ist, alles vorher zu planen. Und ich hätte mir auch nie vorstellen können, wie sehr mich diese Doppelrolle an meine Grenzen bringen könnte. Warum? Das möchte ich dir anhand eines typischen Chaostages verdeutlichen:

- 6:00 Uhr: Der Wecker klingelt (im besten Fall schlafen wir noch, im Normalfall sind wir schon oder noch wach, weil uns mindestens ein Kind gerne mal nachts wachhält). Mein Mann und ich stehen auf und wappnen uns für den Tag. Die erste Herausforderung des Tages besteht darin, unseren ältesten Sohn aus dem Bett zu kriegen. Dieser ist nämlich, ganz im Gegensatz zu seinem Bruder, ein Viel- und Langschläfer. Leider hat man als Schulkind keinen Spielraum, um sich morgens im Bett noch mehrmals umzudrehen. Als er noch ein Kindergartenkind war, war das kein Problem. Doch nun gibt es leider wenig Gnade, was sich direkt auch in seiner Laune widerspiegelt: Er ist selten begeistert davon, so früh raus zu müssen.

- 6:30 Uhr: Alle sind im Bad und die Kinder werden gewaschen und angezogen. Nicht ohne lautstarkes Drama versteht sich. Denn wie so oft ist der Lieblingspullover des Großen in der Wäsche und die Stimmung kippt spätestens dann, wenn auch die Lieblingshose, die eigentlich viel zu klein und zu löchrig ist, auch nicht verfügbar ist. Der Jüngste lässt sich ausnahmsweise brav anziehen, ergießt aber nur Minuten später die halbe Müslischale über seinen gesamten Körper, so dass die Anziehaktion wiederholt werden muss. Währenddessen beklagt der Ältere, dass kein Nutella da ist und sucht hektisch seine Hausaufgaben des Vortags, die er in irgendein Zimmer verschleppt hatte, aber nicht mehr weiß, in welches. Mein Mann drängt ebenfalls auf die

Zeit, da er bereits um 8 Uhr eine wichtige Telefon-konferenz hat. Auf mich wartet heute gottseidank „nur" die Büroarbeit. Als selbstständige Trainerin und Coach freue ich mich auf die Tage, an denen ich weder unter-wegs bin, noch in Online-Trainings stecke und endlich wieder die To-dos auf dem Schreibtisch wegarbeiten kann. Das ist zumindest immer wieder mein Plan.

- 7:30 Uhr: Mein Mann legt heute einen derzeit selten gewordenen Büro-Präsenztag ein und ich bringe die Kleinsten in den Kindergarten. Der Große bestreitet seinen Schulweg zum Glück selbständig. Mein Jüngster bekommt direkt beim Betreten des Kindergartens einen Weinkrampf, weil er unbedingt seinen Kuschelhasen mitnehmen wollte, was ihm natürlich erst jetzt ein-fiel. Mit viel Zuspruch und Trösten gelingt es mir, ihn zu überzeugen, dass es die anderen drei Kuscheltiere, die bereits in seinem Garderobenfach liegen, für heute auch tun. Beim Abschied murmelt er noch etwas von Bauchschmerzen, ist aber dann schnell seiner Jacke und Schuhe entledigt, weil das Lego-Projekt ruft. Die Kindergartenleitung bittet mich spontan als Eltern-beirätin zum Gespräch, weil eine Elternbeschwerde vorliegt. Ich habe ja heute etwas Zeit, denke ich, und willige ein.

- 45 Minuten später als geplant verlasse ich den Kinder-garten, um endlich meine Büroarbeit zu starten. Vor-her lege ich noch kurz eine kleine Haushaltseinheit ein, um nur mal schnell klar Schiff zu machen: Ich stelle eine Waschmaschine an, stelle fest, dass die Sachen im Trockner noch weggeräumt werden müssen, mache die Betten, räume die Spülmaschine aus und ein, bemerke, dass der Kühlschrank leer ist, ein Paket noch bei der Postfiliale abgeholt und der Zahnarzttermin für meinen Sohn verschoben werden muss.

- Weitere 50 Minuten später flitze ich also wieder zum Auto und fahre zur Post und gehe einkaufen. Irgendwann gegen zehn Uhr bin ich mit der ersten aufkommenden Müdigkeit nach dem Stress am Morgen endlich an meinem Schreibtisch. Dort werde ich von einem Papierberg voller To-dos erschlagen. Eigentlich bräuchte ich eine Sekretärin, die mein Büro aufräumt, doch immer wieder denke ich, dass sich das nicht lohnt, und kämpfe alleine weiter. Erst mal hier klar Schiff machen, denke ich, bevor ich mich um 10:30 Uhr endlich mit einem Glas Wasser (ich trinke keinen Kaffee, der mir wahrscheinlich kurzzeitig helfen könnte) hinsetze und anfange zu arbeiten.

- 10:45 Uhr klingelt mein Telefon – der Kindergarten ruft an. Mein Kleiner hätte sich soeben übergeben, ich solle ihn abholen. Mein Arbeitstag endet also noch, bevor er überhaupt angefangen hat. Die Kunden warten auf ihre Antwort. Der Anrufbeantworter blinkt inzwischen doppelt so schnell, die E-Mails stapeln sich im Posteingang so, wie sich zu Hause auch die Wäsche stapelt. Und so wie es aussieht, kann ich heute einmal wieder nichts davon erledigen.

Völlig berechtigt also die Fragen, die ich immer wieder gestellt bekomme: „Wie machst du das?", „Wie bekommst du alles unter einen Hut?" und „Wie bleibst du bei allem so gelassen und gut gelaunt?"

In diesem Buch möchte ich Antworten liefern, die mir in meinem Alltag helfen.

Ja, ich arbeite und habe Familie. Da ich selbstständig bin und meine Arbeitszeit sehr schwankt, kann ich nicht genau sagen, wie viel ich arbeite. Es ist übers Jahr gesehen wohl kein Vollzeitjob, wenn ich die Urlaubszeiten mit einrechne. Doch es gibt Wochen, in denen ich sehr viele Überstunden mache, vor allem, wenn ich meine

Reisezeiten mit einrechne, die aber immerhin seit der Pandemie und dem Digitalisierungsschub im Trainings- und Seminarbereich deutlich reduziert sind.

Für mich ist das Modell Familie & Beruf erst einmal kein Widerspruch. Ich stehe völlig überzeugt hinter der Meinung, dass jeder die Familie und einen erfolgreichen Job miteinander vereinbaren kann, wenn er bzw. sie das will. Doch die Praxis ist weit komplizierter als die Theorie. Ich kenne viele erfolgreiche Frauen mit Kindern, die sich zermürben vor Stress.

Genau deshalb habe ich dieses Buch geschrieben. Es geht an alle Frauen da draußen, die einen erfolgreichen Job haben und auch noch eine klasse Mutter (und Ehefrau) sind. Ich möchte mit diesem Buch aufzeigen, welchen inneren Kampf viele Mütter täglich austragen. Ich möchte zeigen, welche inneren Antreiber die Ursachen für viele Rollenkonflikte sind. Und ich möchte Tipps geben, wie es eine Working Mom schaffen kann, Familie und Beruf miteinander einigermaßen stressfrei zu vereinbaren. Ich berichte hier aus meinem Leben. Alles was ich schreibe, habe ich genau so erlebt oder durch Bekannte und Freundinnen erfahren. Das einzige, was sich von der Realität unterscheidet, sind einzelne Namen und Details der Protagonisten, denn diese habe ich für das Buch verändert, um die Anonymität zu wahren.

Liebe Working Moms, ich stehe hinter euch. Ich weiß, wie hart der Alltag manchmal sein kann. Ich weiß auch, unter was für einer riesengroßen Belastung wir alle in Pandemiezeiten standen und teilweise immer noch stehen, weil sich seit dem vieles an unserem Alltag geändert hat. Ich weiß, wie sehr ihr eure Familie liebt. Ich weiß auch, wie wichtig euch euer Job ist. Ich weiß aber auch, wie sehr euch das zerreißen kann. Dieses Buch ist sehr persönlich. Ich erzähle aus meinem Leben und aus meinem Alltag.

Ich erzähle auch von all den stressigen Momenten und inneren Konflikten, mit denen ich tagtäglich zu kämpfen habe. Und ich versuche euch aufzuzeigen, wie ich all diese Probleme versuche zu bewältigen. Ich bin nicht perfekt. Und nur, weil ich dieses Buch schreibe, heißt das noch lange nicht, dass ich all diese Tipps jeden Tag umsetze. Doch ich gebe jeden Tag mein Bestes. Lasst es uns zusammen angehen. Gemeinsam finden wir einen Weg zu einem stressfreieren Leben. Ich möchte euch mit diesem Buch den Schlüssel zur inneren Gelassenheit geben.

Ich wünsche euch viel Freude beim Lesen und viele gute Inspirationen. Und vergesst bitte nicht: Ihr seid wunderbar und jede für sich einzigartig! Ihr seid die Heldinnen des Alltags!

Und nun natürlich auch noch ein Wort an alle Working Dads: Mir ist bewusst, dass es euch auch gibt. Mir ist auch klar, dass hinter vielen Working Moms auch ein wundervoller Ehemann und Familienvater steht, ohne den es auch nicht geht. Warum ich dieses Buch trotzdem nur den Frauen widme? Ganz einfach: weil ich selber eine bin. Ich kann mich in andere berufstätige Mütter am besten hineinversetzen, weil ich womöglich ähnliche Gedanken habe. Aus eigener Erfahrung weiß ich, dass viele der hier angesprochenen Stressfaktoren bei Männern in anderen Formen oder schlichtweg gar nicht vorhanden sind. Bitte seht es mir daher nach, dass ihr in diesem Buch nicht direkt angesprochen werdet. Falls ihr trotzdem für euch wertvolle Tipps mitnehmen könnt, freue ich mich natürlich sehr.

Und nun: Viel Spaß beim Lesen!

Dunja Schenk

Inhaltsverzeichnis

Über die Autorin

Dunja Schenk ist Expertin für die Themen Effizienz und Organisation. Als IHK-zertifizierte Trainerin und systemischer Coach ist Dunja Schenk seit 2011 für viele Unternehmen deutschlandweit tätig. Sie unterstützt ihre Kunden bei der Optimierung von Arbeitsabläufen im Büro. Neben dem Office-, Zeit- und Selbstmanagement geht es dabei immer um die Frage, wie die Stressbelastung der Mitarbeiter reduziert werden kann.

Immer mehr wird sie in ihren Trainings vor allem von arbeitenden Müttern mit Kind(ern) angesprochen und nach Tipps zur Stressvermeidung und Steigerung der Gelassenheit gefragt.

Als zweifache Mutter und selbstständige Unternehmerin kennt Dunja Schenk die Belastungen des Alltags und weiß, wie schwer es ist, sich zwischen Kindern, Küche und Karriere aufzuteilen. Sie hat daher 2017 ihr Coaching-programm „Weiblich. Stark. Erfolgreich." ins Leben gerufen und unterstützt damit Frauen, ihre persönlichen Ziele erfolgreich unter der Vereinbarkeit von Familie und Beruf zu erreichen.

Mehr über Dunja Schenk unter www.dunja-schenk.de

1

Kleine Stresskunde: Das Adrenalinzeitalter

Das Konzept der Reihe

Möglicherweise kennen Sie bereits meinen Anti-Stress-Trainer (Buchenau 2014). Das vorliegende Kapitel greift darauf zurück, weil das Konzept der neuen Anti-Stress-Trainer-Reihe die Tipps, Herausforderungen und Ideen aus meinem Buch mit den jeweiligen Anforderungen der unterschiedlichen Berufs-gruppen verbindet. Die Autoren, die jeweils aus Ihrem Jobprofil kommen, schneiden diese Inhalte dann für Sie zu. Viel Erfolg und passen Sie auf sich auf.

© Der/die Autor(en), exklusiv lizenziert durch Springer Fachmedien Wiesbaden GmbH, ein Teil von Springer Nature 2021
D. Schenk, *Der Anti-Stress-Trainer für Working Moms,* Anti-Stress-Trainer, https://doi.org/10.1007/978-3-658-34514-3_1

Leben auf der Überholspur: Sie leben unter der Diktatur des Adrenalins. Sie suchen immer den neuen Kick, und das nicht nur im beruflichen Umfeld. Selbst in der Freizeit, die Ihnen eigentlich Ruhephasen vom Alltagsstress bringen sollte, kommen Sie nicht zur Ruhe. Mehr als 41 % aller Beschäftigten geben bereits heute an, sich in der Freizeit nicht mehr erholen zu können. Tendenz steigend. Wen wundert es?

Anstatt sich mit Power-Napping (Kurzschlaf) oder Extreme-Couching (Gemütlichmachen) in der Freizeit Ruhe und Entspannung zu gönnen, macht die Gesellschaft vermehrt Extremsportarten wie Fallschirmspringen, Paragliding, Extreme Climbing oder Marathon zu ihren Hobbys. Jugendliche ergeben sich dem Komasaufen, der Einnahme von verschiedensten Partydrogen oder verunstalten ihr Äußeres massiv durch Tattoos und Piercing. Sie hasten nicht nur mehr und mehr atemlos durchs Tempoland Freizeit, sondern auch durch das Geschäftsleben. Ständige Erreichbarkeit heißt die Lebenslösung. Digitalisierung und mobile, virtuelle Kommunikation über die halbe Weltkugel bestimmen das Leben. Wer heute seine E-Mails nicht überall online checken kann, wer heute nicht auf Facebook, Instagram & Co. ist, ist out oder schlimmer noch, der existiert nicht.

Klar, die Anforderungen im Beruf werden immer komplexer. Die Zeit überholt uns, engt uns ein, bestimmt unseren Tagesablauf. Viel Arbeit, ein Meeting jagt das nächste und ständig klingelt das Smartphone. Multitasking ist angesagt, und wir wollen so viele Tätigkeiten wie möglich gleichzeitig erledigen.

Schauen Sie sich doch mal in Ihren Meetings um. Wie viele Angestellte in Unternehmen beantworten in solchen Treffen gleichzeitig ihre E-Mails oder schreiben WhatsApp-Nachrichten? Kein Wunder, dass diese Mitarbeiter dann nur die Hälfte mitbekommen und Folgemeetings notwendig sind. Ebenfalls kein Wunder, dass das Leben einem davonrennt. Aber wie sagt schon ein altes chinesisches Sprichwort: „Zeit hat nur der, der sich auch Zeit nimmt." Zudem ist es unhöflich, seinem Gesprächspartner nur halb zuzuhören.

Das Gefühl, dass sich alles zum Besseren wendet, wird sich mit dieser Einstellung nicht einstellen. Im Gegenteil: Alles wird noch rasanter und flüchtiger. Müssen Sie dafür Ihre Grundbedürfnisse vergessen? Wurden Sie mit Stress oder Burnout geboren? Nein, sicherlich nicht. Warum müssen Sie sich dann den Stress antun?

Zum Glück gibt es dazu das Adrenalin. Das Superhormon, die Superdroge der High-Speed-Gesellschaft. Bei Chemikern und Biologen auch unter $C_9H_{13}NO_3$ bekannt. Dank Adrenalin schuften Sie wie ein Hamster im Rad. Schneller und schneller und noch schneller. Sogar die Freizeit läuft nicht ohne Adrenalin. Der Stress hat in den letzten Jahren dramatisch zugenommen und somit auch die Adrenalinausschüttung in Ihrem Körper.

Schon komisch: Da produzieren Sie massenhaft Adrenalin und können dieses so schwer erarbeitete Produkt nicht verkaufen. Ja, nicht mal verschenken können Sie es. In welcher Gesellschaft leben Sie denn überhaupt, wenn Sie für ein produziertes Produkt keine Abnehmer finden?

Deshalb die Frage aus betriebswirtschaftlicher Sicht an alle Unternehmer, Führungskräfte und Selbstständigen: Warum produziert ihr ein Produkt, das ihr nicht am Markt verkaufen könnt? Wärt ihr meine Angestellten, würde ich euch wegen Unproduktivität und Fehleinschätzung des Marktes feuern.

1.1 Was sind die Ursachen?

Die häufigsten Auslöser für den Stress sind der Studie zufolge, unsichere Arbeitsverhältnisse, hoher Termindruck, unflexible und lange Arbeitszeiten, Mobbing und nicht zuletzt die Unvereinbarkeit von Beruf und Familie. Neue Technologien, Materialien und Arbeitsprozesse bringen der Studie zufolge ebenfalls Risiken mit sich. Auch die Corona Pandemie in den Jahren 2020–2021 hat mit Sicherheit zur Verstärkung der Stressoren bei Working Moms beigetragen. Homeschooling, Homeoffice, fehlende sozialreale Kontakte sowie technische Internetanforderungen zu Hause sind nur einige Beispiele.

Meist Arbeitnehmer, die sich nicht angemessen wertgeschätzt fühlen und auch oft unter- beziehungsweise überfordert sind, leiden unter Dauerstress. Sie haben ein doppelt so hohes Risiko, an einem Herzinfarkt oder einer Depression zu erkranken. Anerkennung und die Perspektive, sich in einem sicheren Arbeitsverhältnis weiterentwickeln zu können, sind in diesem Umfeld viel wichtiger als nur eine angemessene Entlohnung. Diesen Wunsch vermisst man meist in öffentlichen Verwaltungen, in Behörden sowie Großkonzernen. Gewalt und Mobbing sind oft die Folge.

Gerade in Zeiten von Wirtschaftskrisen bauen Unternehmen und Verwaltungen immer mehr Personal ab. Hetze und Mehrarbeit aufgrund von Arbeitsverdichtung sind die Folge. Zieht die Wirtschaft wieder an, werden viele offene Stellen nicht mehr neu besetzt. Das Ergebnis: Viele Arbeitnehmer leisten massiv Überstunden. 59 % haben Angst um ihren Job oder ihre Position im Unternehmen, wenn sie diese Mehrarbeit nicht erbringen, so die Studie.

Weiter ist bekannt, dass Druck (also Stress) Gegendruck erzeugt. Druck und Mehrarbeit über einen langen Zeitraum führen somit zu einer Produktivitätssenkung. Gemäß einer Schätzung des Kölner Angstforschers Wilfried Panse leisten Mitarbeiter schon lange vor einem Zusammenbruch 20 bis 40 % weniger als gesunde Mitarbeiter.

Wenn Vorgesetzte in diesen Zeiten zudem Ziele schwach oder ungenau formulieren und gleichzeitig Druck ausüben, erhöhen sich die stressbedingten Ausfallzeiten, die dann von den etwas stressresistenteren Mitarbeitern aufgefangen werden müssen. Eine Spirale, die sich immer tiefer in den Abgrund bewegt.

Im Gesundheitsbericht der Deutschen Angestellten Krankenkasse (DAK) steigt die Zahl der psychischen

Erkrankungen massiv an, und jeder zehnte Fehltag geht auf das Konto stressbedingter Krankheiten. Gemäß einer Studie des Deutschen Gewerkschaftsbunds (DGB) bezweifeln 30 % der Beschäftigten, ihr Rentenalter im Beruf zu erreichen. Frühverrentung ist die Folge. Haben Sie sich mal für Ihr Unternehmen gefragt, wie viel Geld Sie in Ihrem Unternehmen für durch Stress verursachte Ausfallzeiten bezahlen? Oder auf den einzelnen Menschen bezogen: Wie viel Geld zahlen Sie für Ihre Krankenversicherung, und welche Gegenleistung bekommen Sie von der Krankenkasse dafür?

Vielleicht sollten die Krankenkassen verstärkt in die Vermeidung stressverursachender Aufgaben und Tätigkeiten investieren, anstatt Milliarden unüberlegt in die Behandlung von gestressten oder bereits von Burnout betroffenen Menschen zu stecken. In meiner Managerausbildung lernte ich bereits vor 20 Jahren: „Du musst das Problem an der Wurzel packen." Vorbeugen ist immer noch besser als reparieren.

1.2 Überlastet oder gar schon gestresst?

Modewort Stress … Der Satz „Ich bin im Stress" ist anscheinend zum Statussymbol geworden, denn wer so viel zu tun hat, dass er gestresst ist, scheint eine gefragte und wichtige Persönlichkeit zu sein. Stars, Manager, Politiker gehen hier mit schlechtem Beispiel voran und brüsten sich in der Öffentlichkeit damit, „gestresst zu sein". Stress scheint daher beliebt zu sein und ist immer eine willkommene Ausrede.

Es gehört zum guten Ton, keine Zeit zu haben, sonst könnte ja Ihr Gegenüber meinen, Sie täten nichts, seien faul, hätten wahrscheinlich keine Arbeit oder seien ein

Versager. Überprüfen Sie mal bei sich selbst oder in Ihrem unmittelbaren Freundeskreis die Wortwahl: Die Mutter hat Stress mit ihrer Tochter, die Nachbarn haben Stress wegen der neuen Garage, der Vater hat Stress, weil er die Winterreifen wechseln muss, der Arbeitsweg ist stressig, weil so viel Verkehr ist, der Sohn kann nicht zum Sport, weil ihn die Hausaufgaben stressen, der neue Hund stresst, weil die Tochter, für die der Hund bestimmt war, Stress mit ihrer besten Freundin hat – und dadurch keine Zeit.

Ich bin gespannt, wie viele banale Erlebnisse Sie in Ihrer Familie und in Ihrem Freundeskreis entdecken.

Gewöhnen sich Körper und Geist an diese Bagatellen, besteht die Gefahr, dass wirkliche Stress- und Burnoutsignale nicht mehr erkannt werden. Die Gefahr, in die Stressspirale zu geraten, steigt. Eine Studie des Schweizer Staatssekretariats für Wirtschaft aus dem Jahr 2000 untermauerte dies bereits damit, dass sich 82 % der Befragten gestresst fühlen, aber 70 % ihren Stress im Griff haben. Entschuldigen Sie meine provokante Aussage: Dann haben Sie keinen Stress.

Überlastung … Es gibt viele Situationen von Überlastung. In der Medizin, Technik, Psyche, Sport et cetera hören und sehen wir jeden Tag Überlastungen. Es kann ein Boot sein, welches zu schwer beladen ist. Ebenso aber auch, dass jemand im Moment zu viel Arbeit, zu viele Aufgaben, zu viele Sorgen hat oder dass ein System oder ein Organ zu sehr beansprucht ist und nicht mehr richtig funktioniert. Das kann das Internet, das Stromnetz oder das Telefonnetz sein, aber auch der Kreislauf oder das Herz.

Die Fachliteratur drückt es als „momentan über dem Limit" oder „kurzzeitig mehr als erlaubt" aus. Wichtig ist hier das Wörtchen „momentan". Jeder von uns Menschen ist so gebaut, dass er kurzzeitig über seine Grenzen hinausgehen kann. Jeder von Ihnen kennt das Gefühl, etwas

Besonders geleistet zu haben. Sie fühlen sich wohl dabei und sind meist hinterher stolz auf das Geleistete. Sehen Sie Licht am Horizont und sind Sie sich bewusst, welche Tätigkeit Sie ausführen und zudem, wie lange Sie an einer Aufgabe zu arbeiten haben, dann spricht die Stressforschung von Überlastung und nicht von Stress. Also dann, wenn der Vorgang, die Tätigkeit oder die Aufgabe für Sie absehbar und kalkulierbar ist. Dieser Vorgang ist aber von Mensch zu Mensch unterschiedlich. Zum Beispiel fühlt sich ein Marathonläufer nach 20 km überhaupt nicht überlastet, aber der übergewichtige Mensch, der Schwierigkeiten hat, zwei Stockwerke hochzusteigen, mit Sicherheit. Für ihn ist es keine Überlastung mehr, für ihn ist es Stress.

1.3   Alles Stress oder was?

Stress … Es gibt unzählige Definitionen von Stress, und leider ist eine Eindeutigkeit oder eine Norm bis heute nicht gegeben. Stress ist individuell, unberechenbar, nicht greifbar. Es gibt kein Allheilmittel dagegen, da jeder Mensch Stress anders empfindet und somit auch die Vorbeuge- und Behandlungsmaßnahmen unterschiedlich sind.

Diese nachfolgenden fünf Definitionen bezüglich Stress sind richtungsweisend:

1. „Stress ist ein Zustand der Alarmbereitschaft des Organismus, der sich auf eine erhöhte Leistungsbereitschaft einstellt." (Hans Selye 1936; ein ungarisch-kanadischer Zoologe, gilt als der Vater der Stressforschung)
2. „Stress ist eine Belastung, Störung und Gefährdung des Organismus, die bei zu hoher Intensität eine

Überforderung der psychischen und/oder physischen Anpassungskapazität zur Folge hat." (Vester 1976)

3. „Stress gibt es nur, wenn Sie ‚Ja‘ sagen und ‚Nein‘ meinen." (Sprenger 2000)

4. „Stress wird verursacht, wenn du ‚hier‘ bist, aber ‚dort‘ sein willst, wenn du in der Gegenwart bist, aber in der Zukunft sein willst." (Tolle und Ifang 2002)

5. „Stress ist heute die allgemeine Bezeichnung für körperliche und seelische Reaktionen auf äußere oder innere Reize, die wir Menschen als anregend oder belastend empfinden. Stress ist das Bestreben des Körpers, nach einem irritierenden Reiz so schnell wie möglich wieder ins Gleichgewicht zu kommen." (Schweizer Institut für Stressforschung 2005)

Bei allen fünf Definitionen gilt es zu unterscheiden zwischen negativem Stress – ausgelöst durch im Geiste unmöglich zu lösende Situationen – und positivem Stress, welcher in Situationen entsteht, die subjektiv als lösbar wahrgenommen werden. Sobald Sie begreifen, dass Sie selbst über das Empfinden von freudvollem Stress (Eustress) und leidvollem Stress (Disstress) entscheiden, haben Sie Handlungsspielraum.

Bei **positivem Stress** wird eine schwierige Situation als positive Herausforderung gesehen, die es zu bewältigen gilt und die Sie sogar genießen können. Beim positiven Stress sind Sie hoch motiviert und konzentriert. Stress ist hier die Triebkraft zum Erfolg.

Bei **negativem Stress** befinden Sie sich in einer schwierigen Situation, die Sie noch mehr als völlig überfordert. Sie fühlen sich der Situation ausgeliefert, sind hilflos, und es werden keine Handlungsmöglichkeiten oder Wege aus der Situation gesehen. Langfristig macht dieser negative Stress krank und endet oft im Burnout.

1.4   Burnout – Die letzte Stressstufe

Burnout … Als letzte Stufe des Stresses tritt das
sogenannte Burnout auf. Nun hilft keine Medizin und
Prävention mehr; jetzt muss eine langfristige Auszeit unter
professioneller Begleitung her. Ohne fremde Hilfe können
Sie der Burnoutspirale nicht entkommen. Die Wiederein-
gliederung eines Burnoutklienten zurück in die Arbeitswelt ist sehr aufwendig. Meist gelingt das erst nach einem
Jahr Auszeit, oft auch gar nicht.

Nach einer Studie der Freiburger Unternehmensgruppe
Saaman aus dem Jahr 2007 haben 45 % von 10.000
befragten Managern Burnoutsymptome. Die gebräuch-
lichste Definition von Burnout stammt von Maslach &
Jackson aus dem Jahr 1986: „Burnout ist ein Syndrom der
emotionalen Erschöpfung, der Depersonalisation und der
reduzierten persönlichen Leistung, das bei Individuen auftreten kann, die auf irgendeine Art mit Leuten arbeiten
oder von Leuten beeinflusst werden.“

Burnout entsteht nicht in Tagen oder Wochen. Burnout
entwickelt sich über Monate bis hin zu mehreren Jahren,
stufenweise und fortlaufend mit physischen, emotionalen
und mentalen Erschöpfungen. Dabei kann es immer
wieder zu zwischenzeitlicher Besserung und Erholung
kommen. Der fließende Übergang von der normalen
Erschöpfung über den Stress zu den ersten Stadien des
Burnouts wird oft nicht erkannt, sondern als „normale“
Entwicklung akzeptiert. Reagiert der Betroffene in diesem
Zustand nicht auf die Signale, die sein Körper ihm
permanent mitteilt, und ändert der Klient seine inneren
oder äußeren Einfluss- und Stressfaktoren nicht, besteht
die Gefahr einer sehr ernsten Erkrankung. Diese Signale
können dauerhafte Niedergeschlagenheit, Ermüdung, Lust-
losigkeit, aber auch Verspannungen und Kopfschmerzen

sein. Es kommt zu einer kreisförmigen, gegenseitigen Verstärkung der einzelnen Komponenten. Unterschiedliche Forschergruppen haben auf der Grundlage von Beobachtungen den Verlauf in typische Stufen unterteilt.

Wollen Sie sich das alles antun?

Leider ist Burnout in den meisten Firmen ein Tabuthema – die Dunkelziffer ist groß. Betroffene Arbeitnehmer und Führungskräfte schieben oft andere Begründungen für ihren Ausfall vor – aus Angst vor negativen Folgen, wie zum Beispiel dem Verlust des Arbeitsplatzes. Es muss ein Umdenken stattfinden!

Wen kann es treffen? Theoretisch sind alle Menschen gefährdet, die nicht auf die Signale des Körpers achten. Vorwiegend trifft es einsatzbereite und engagierte Mitarbeiter, Führungskräfte und Selbstständige. Oft werden diese auch von Vorgesetzten geschätzt, von Kollegen bewundert, vielleicht auch beneidet. Solche Menschen sagen auch nie „nein"; deshalb wachsen die Aufgaben, und es stapeln sich die Arbeiten. Dazu kommt oft, dass sich Partner, Freunde und Kinder über zu wenig Zeit und Aufmerksamkeit beklagen.

Aus eigener Erfahrung kann ich sagen, dass der Weg zum Burnout anfänglich mit kleinsten Hinweisen gepflastert ist, kaum merkbar, unauffällig, vernachlässigbar. Es bedarf einer hohen Achtsamkeit, um diese Signale des Körpers und der realisierenden Umwelt zu erkennen. Kleinigkeiten werden vergessen und vereinbarte Termine werden immer weniger eingehalten. Hobbys und Sport werden – wie bei mir geschehen – erheblich vernachlässigt. Auch mein Körper meldete sich Ende der 90er-Jahre mit leisen Botschaften: Schweißausbrüche, Herzrhythmusstörungen, schwerfällige Atmung und unruhiger Schlaf waren die Symptome, die anfänglich nicht von mir beachtet wurden.

Abschlusswort

Eigentlich ist Burnout- und Stressprävention für Working Moms einfach. Wichtig ist, sich der eigenen Stressverstärker, gerade in Krisenzeiten, bewusst zu werden. Fangen Sie in kleinen Schritten bei sich selbst an und lernen Sie, gelassener zu werden. Im folgenden Beitrag von Dunja Schenk erhalten Sie viele wertvolle Tipps dazu. Viel Spaß und gute Unterhaltung beim Lesen.

Literatur

Buchenau P (2014) *Der Anti-Stress-Trainer*. Springer, Wiesbadens

Schweizer Institut für Stressforschung (2005) Lehrgangsunterlagen zum dipl. *Stressregulationstrainer*. Kilian Schmid.

Selye (1936) zitiert nach Szabo S, Yoshida M, Filakovszky J, Juhasz G (2017) "Stress" is 80 Years Old: From Hans Selye Original Paper in 1936 to Recent Advances in GI Ulceration. *Curr Pharm Des* 23:4029–4041. https://doi.org/10.2174/13 81612823666170622110046.

Sprenger RK (2016) *Die Entscheidung liegt bei dir!; Wege aus der alltäglichen Unzufriedenheit*. Frankfurt/New York, Campus Verlag

Tolle E, Ifang E (2002) Leben im Jetzt, 14. Aufl. Goldmann Arkana. Arkana, München

Vester F (1991) Phänomen Stress,12. Aufl. Dt. Taschenbuch-Verl., München

2

Einleitung

Wer als Frau mit Kind berufstätig ist und den Job neben den Kindern ebenfalls liebt, wird gerne mal als herzlose Rabenmutter dargestellt, bei der man sich fragt, warum sie überhaupt Kinder in die Welt gesetzt hat. Nein, das ist keine überspitzte Behauptung, sondern Realität, die ich selbst schon oft genug abbekommen habe. Erst während des letzten Lockdowns habe ich über Instagram wieder eine sehr „charmante" Nachricht bekommen. Eine Frau (natürlich kinderlos) fragte mich, warum ich mich denn so beschweren würde, dass ich mein Kind im Homeschooling betreuen müsse. Ich sei ja schließlich selbst Schuld, dass ich Kinder habe. Dass solche Kommentare das Leben einer „Rabenmutter" nur noch verschlimmern, weil ohnehin täglich ein innerer Kampf zwischen den einzelnen Rollenerwartungen tobt, vergessen die Kritiker dabei.

Es gibt viele Stressfaktoren, die auf eine Working Mom einwirken. Welche das sind, möchte ich in diesem Buch

© Der/die Autor(en), exklusiv lizenziert durch Springer Fachmedien Wiesbaden GmbH, ein Teil von Springer Nature 2021
D. Schenk, *Der Anti-Stress-Trainer für Working Moms,* Anti-Stress-Trainer, https://doi.org/10.1007/978-3-658-34514-3_2

aufzeigen. Doch bevor ich in die Thematik einsteige, möchte ich vorab noch die wesentlichen Begriffe klären.

Working Mom = Rabenmutter?

Als ich während der Erstellung des Buches spaßeshalber den Begriff „Working Moms" bei Google eingegeben hatte, erhielt ich direkt auf der ersten Seite einen Link zu einem Artikel mit der Überschrift „Rabenmutter". Prima, dachte ich, da sind wir ja direkt beim Thema. Doch bevor ich mich mit allen (Vor-)Urteilen und Herausforderungen beschäftige, möchte ich zunächst einmal klären, was ich unter dem Begriff Working Moms verstehe, denn dieses Buch ist an alle Working Moms gerichtet.

Working Moms bedeutet übersetzt „arbeitende Mütter". Weil ich diese Beschreibung ein wenig holzig und wenig „fancy" finde, habe ich mich für den englischen Begriff entschieden. Der Begriff Working Moms ist inzwischen auch in der Umgangssprache gebräuchlich

(zumindest bei der Generation, die derzeit kleinere Kinder hat), und er klingt für mich ein wenig „knackiger". Doch wer ist hier mit „Working Moms" gemeint?

Working Moms = berufstätige Frauen mit Kind(ern)
Working Moms sind Frauen mit einem oder mehreren Kindern, die berufstätig sind. Natürlich arbeitet jede Mutter, auch die, die keinen Job hat, sondern sich dafür entschieden hat, sich (zumindest für eine Zeit) ausschließlich der Kindererziehung und der Hausarbeit zu widmen. Ich habe höchsten Respekt vor diesen Müttern. Doch in diesem Buch beziehe ich mich vor allem auf die Mütter, die neben Familie und Haushalt noch eine weitere Arbeit haben, sei es angestellt oder selbstständig. Diese Mütter haben eine weitere Verantwortung neben ihrer Familie und müssen gleich mehreren Rollen gerecht werden: Vor allem die der arbeitenden Frau und die der Mutter. Natürlich gibt es noch weitere Rollen (wie zum Beispiel Ehefrau, Freundin, Bekannte, Verwandte etc.), doch ich beschränke mich hier zunächst auf die zwei vorher beschriebenen. Ich möchte in diesem Buch vor allem auf die Vereinbarkeit von Familie und Beruf eingehen und allen Working Moms wertvolle Tipps geben, wie sie diese Herausforderung meistern können, ohne dabei zugrunde zu gehen.

Anti-Stress-Training = die erfolgreiche Bewältigung aller Stressfaktoren
„Ich bin im Stress" – auch wenn dieser Satz inzwischen eine Modeerscheinung geworden ist, scheint er bei berufstätigen Müttern doch immer mehr zum Problem zu werden. Immer mehr Mütter leiden inzwischen unter Stress und bekommen gesundheitliche Probleme. In diesem Buch möchte ich den Working Moms hilfreiche Strategien aufzeigen, wie sie ihren Stress bewältigen

können. Ich berichte vor allem anhand von Praxisbeispielen aus meinem Alltag oder meinen Erfahrungen als
Coach.

Doch um ein Anti-Stress-Training zu entwickeln, ist es
zunächst wichtig, sich darüber klar zu werden, wie Stress
eigentlich entsteht: Stress entsteht durch Stressfaktoren,
und dabei gibt es Faktoren, die aus dem Außen kommen,
und Faktoren, die aus uns selbst kommen. Äußere Stressfaktoren sind beispielsweise Termindruck oder Zeitdruck.
Diese Faktoren können wir nicht unmittelbar beeinflussen. Wir können lernen, damit umzugehen. Hierfür
wirst du in diesem Buch auch einige Tipps finden.

Die entscheidenden Stressfaktoren sind für mich
allerdings nicht äußerlicher Natur. Die größten Ver-
ursacher für Stress sind nämlich unsere inneren Antreiber.
Das sind die Einflussfaktoren, für die wir selbst verantwortlich sind – unsere inneren Einstellungen oder
besser gesagt: die Glaubenssätze, die uns prägen und nach
denen wir leben.

Glaubenssätze = unterbewusste Lebensregeln, die jeder für sich für wahr hält

Glaubenssätze sind Überzeugungen, Einstellungen oder
Leitsätze, die uns in unserem Leben geprägt haben und
nach denen wir leben. Meist sind unsere Eltern diejenigen,
die uns Lebensregeln wie zum Beispiel „Ohne Fleiß kein
Preis" oder „Geld macht nicht glücklich" mit auf den
Weg gegeben haben. Wenn du wissen möchtest, welche
Glaubenssätze du in dir trägst, dann erinnere dich einmal
zurück, welche Dinge deine Eltern immer wieder gesagt
haben. Schließe einmal die Augen und versetze dich zurück
in eine Situation, in der du Kind und mit deinen Eltern
zusammen warst. Wir tragen alle Glaubenssätze in uns. Bei
mir waren das neben den oben erwähnten Weisheiten Sätze
wie zum Beispiel: „Iss genug, damit du groß und stark

wirst.", „Wenn dein Zimmer aufgeräumt ist, darfst du xy tun." oder „Das muss man ordentlich machen."

Das sind nur einige Glaubenssätze von vielen, die mir meine Eltern mitgegeben haben. Doch nicht alle davon haben sich ausschließlich positiv auf mein Leben ausgewirkt. Es gibt Glaubenssätze, die uns blockieren und hindern, wie zum Beispiel der Satz „Du musst perfekt sein" – ein Glaubenssatz, der mich maßgeblich in meinem Leben geprägt hat. Doch dazu später mehr.

Wenn du also versuchen möchtest, deinen Stress zu reduzieren, ist es wichtig, dich mit deinen inneren Antreibern einmal näher auseinanderzusetzen. Ich werde dir mit diesem Buch dabei helfen. Die Faktoren von außen werden dadurch zwar nicht verringert, aber wir können dann ganz anders damit umgehen.

So arbeitest du mit diesem Buch
Im Folgenden findest du nun Kapitel für Kapitel einzelne Stressfaktoren und deren Hintergründe und Auswirkungen. Ich beschreibe jeden der Stressfaktoren im Detail, sodass du gleich zu Beginn des Kapitels überprüfen kannst, ob dich dieser Stressfaktor auch betrifft. Falls ja, dann hinterfrage einmal, woher dieser innere Antreiber kommt: Wer hat ihn dir mit auf den Weg gegeben und ihn dir in dein Hirn eingepflanzt? Von wem hast du diesen Satz so oder so ähnlich gehört?

Wenn dir die Ursache bekannt ist, ist es leichter, diesen Glaubenssatz zu bearbeiten. Ich frage mich im ersten Schritt zusätzlich: Was ist das Positive an diesem Glaubenssatz? Denn jeder dieser inneren Antreiber hat positive Seiten. Wer zum Beispiel perfektionistisch veranlagt ist und den Glaubenssatz „Ich muss perfekt sein" in sich trägt, der ist mit Sicherheit ein Mensch, der gründlich und genau arbeitet. Das ist an sich erst einmal nichts Negatives, schließlich ist es bei vielen Aufgaben sehr hilfreich, wenn man fehlerfrei arbeitet. Doch in der Regel hat jeder Glaubenssatz eine Kehrseite. Der Perfektionismus führt zum Beispiel schnell zu Stress, nämlich dann, wenn er zu viel Zeit kostet.

Im nächsten Schritt überlegst du dir, was das genaue Gegenteil des jeweiligen Stressfaktors wäre. Oft ist es nämlich so, dass wir das Gegenteil ebenso ablehnen. Beim Perfektionismus wäre das Gegenteil zum Beispiel das Chaos oder die Schlampigkeit. Der gesunde Mittelweg ist, wie so oft, meist das erstrebenswerte Ziel. Und dahin kann man sich Schritt für Schritt entwickeln. Mir hilft dann ein positiver Erlaubersatz, mit dem ich den ursprünglichen, negativen Glaubenssatz ersetzen kann. Aber auch dazu findest du in den einzelnen Kapiteln konkrete Hilfestellungen und Beispiele.

Falls dich der jeweilige Stressfaktor in den folgenden Kapiteln nicht betrifft, kannst du auch weiterblättern zum nächsten Kapitel. Jedes Kapitel ist in sich abgeschlossen und kann ohne Weiteres auch einzeln betrachtet werden.

Übrigens: Ganz am Ende findest du neben einem Schnelldurchlauf aller Stressfaktoren noch ein weiteres Kapitel mit wertvollen Tipps zum Stressabbau. Ich verrate dir, was du tun kannst, wenn mal wieder alles auf einmal auf dich zukommt. Denn das kommt bei uns Working Moms meist viel zu kurz: Stichwort Self-Care!

3

Stressfaktor #1: Der Rollenkonflikt

Wenn wir über berufstätige Mütter oder Eltern im All-
gemeinen sprechen, geht es wie immer um Work-Life-
Balance oder auch die Vereinbarkeit von Familie und
Beruf. Eine arbeitende Frau mit Kind muss gleich
mehreren Personen gerecht werden: Die Kinder brauchen
die Mutter als Bezugs- und Versorgerperson und der
oder die Vorgesetzte braucht die Frau als Leistungsträger
zur Erreichung der unternehmerischen Ziele. Falls sie
selbstständig ist, liegen diese unternehmerischen Ziele in
ihrer eigenen Verantwortung, und sie muss den Kunden,
Lieferanten und Geschäftspartnern gerecht werden.
Daneben gibt es möglicherweise noch einen Partner oder
Ehemann, der ebenfalls Bedürfnisse und Erwartungen an
die Paarbeziehung hat. Und schlussendlich gibt es noch
ein soziales Umfeld: Familie, Freunde und Bekannte, die
ebenfalls erwarten, dass die Beziehungen gepflegt werden;
Elternbeiräte, die unterstützt und Vereine, die mit ehren-
amtlichen Tätigkeiten am Leben erhalten werden wollen.

© Der/die Autor(en), exklusiv lizenziert durch Springer
Fachmedien Wiesbaden GmbH, ein Teil von Springer Nature 2021
D. Schenk, *Der Anti-Stress-Trainer für Working Moms,* Anti-Stress-
Trainer, https://doi.org/10.1007/978-3-658-34514-3_3

All diese Rollen haben Bezugsgruppen, die Erwartungen an die Frau haben. Und jede Working Mom wird sich darin mit großer Wahrscheinlichkeit wiederfinden: nämlich darin, dass die unterschiedlichen Rollen, die Erwartungen an welche meist parallel auf sie einfallen, am Ende nicht unerheblichen Stress bedeuten.

Immer wieder diskutiere ich mit anderen Müttern über genau diese Vereinbarkeit: Gibt es überhaupt eine Vereinbarkeit? Kann man die beiden Bereiche – Familie und Job – überhaupt unter einen Hut bringen? Der Tenor ist immer gleich: Man kann es versuchen, aber man wird niemals allen Rollen gleichwertig gerecht. Spätestens in Zeiten der Pandemie haben wir gespürt, dass selbst der Versuch, beide Rollen irgendwie gleichzeitig auszufüllen extrem kräftezehrend ist.

Permanentes Multitasking führt zu Stress

Wer eine Working Mom ist, befindet sich in einem permanenten Zustand des Multitaskings. Ich weiß, wovon ich rede, denn das ist mein Alltag. Als berufstätige Mutter mit zwei Kleinkindern hat man immer etwas zu tun, und der Kopf ist voll mit Gedanken, Aufgaben und Sorgen. Der Alltag muss organisiert, der Haushalt gepflegt, der Kühlschrank gefüllt und die Vorgesetzten oder die Kunden zufriedengestellt werden. Das Problem ist, dass mir die Zeit sehr oft am Tag einfach davonrennt und ich längst nicht alles schaffe, was verlangt wird bzw. was ich von mir verlange. Wenn ich länger arbeite, bin ich weniger zu Hause für meine Familie da. Wenn ich mir für sie Zeit nehme, bleibt Arbeit im Büro liegen. Es ist ein ständiger Kraftakt, alle To-dos unter einen Hut zu bringen.

Wenn du dich auch in diesem Multitasking-Zustand befindest, solltest du dir über eines im Klaren werden: Du kannst niemals allen Rollen gleichwertig gerecht werden.

Überprüfe die Erwartungen an die einzelnen Rollen

Ein Rollenkonflikt ist eine ständige Zerreißprobe, die du leichter ertragen kannst, wenn du dir einmal über die Erwartungen an die einzelnen Rollen klar wirst. Oft zerbrechen wir nämlich daran, dass wir selbst viel zu hohe Erwartungen an uns haben.

Frage dich einmal: Wie möchtest du deine Rolle als Mutter leben? Wie möchtest du deine Rolle als Angestellte oder Selbstständige ausfüllen? Schreibe deine Erwartungen einmal auf und gleiche sie ab. Du wirst schnell merken, dass du diese Erwartungen nicht 1:1 erfüllen kannst, wenn der Tag nur 24 Stunden hat. Versuche deine Erwartungen zu reduzieren. Wenn du beide Rollen so weiterleben möchtest, weil dir sowohl dein Job als auch deine Familie wichtig sind, wirst du einsehen müssen, dass du nicht zwei Mal 100 % geben kannst.

Akzeptiere Kompromisse

Wir alle haben 100 % Zeit, 100 % Energie und 100 % Aufmerksamkeit. Natürlich kann diese nach unten schwanken, wenn wir beispielsweise krank sind. Doch gehen wir einmal vom Optimalfall der 100 % aus. Wenn wir diese auf unsere unterschiedlichen Rollen aufteilen, wird eine Rolle nie zu 100 % ausgefüllt sein. Es ist immer ein Kompromiss. Wir leben nie zu 100 % nur in unserer Mutterrolle, weil wir daneben andere Verpflichtungen und Verantwortungen haben. Umgekehrt ist es mit dem Job genauso. Unser Fokus wird niemals zu 100 % auf der Arbeit liegen, weil wir uns immer irgendwie aufteilen.

„Ich versuche, jedem gerecht zu werden." – Wenn du diese Motivation in dir trägst, dann wirf sie am besten sofort über Bord. Das ist ein Vorhaben, das du nie erreichen kannst, zumindest nicht ohne daran zugrunde zu gehen. Wenn du dein Stresslevel reduzieren willst, mach dir klar, dass du Kompromisse machen musst und dass das vor allem in Ordnung ist.

Praxistipps für den Alltag

- Finde Möglichkeiten, die dir die Vereinbarkeit von Familie und Job erleichtern. Überdenke deine Aufteilung zwischen den zwei Welten: Wie ist dein Status quo? Wie viele Stunden arbeitest du pro Woche? Wie viele Stunden bist du pro Woche bei deiner Familie? Ist diese Aufteilung für dich in Ordnung oder möchtest du etwas verändern? Was brauchst du, um das zu verändern? Welchen ersten Schritt kannst du dazu tun?
- Vielleicht bist du in einem Unternehmen angestellt und dir würden flexiblere Arbeitszeiten helfen. Inzwischen arbeiten viele Büroangestellte im Homeoffice. Möglicherweise kannst du deine Arbeitszeiten hier flexibel anpassen. Ich kenne viele Frühaufsteher, die gerne in den ersten Morgenstunden einiges am Laptop wegarbeiten, wenn die Kinder noch schlafen. Andere

kümmern sich lieber tagsüber nach Kindergarten, Schule & Co. um ihren Nachwuchs und setzen sich dafür Abends noch einmal ein Stündchen an den Rechner. Sprich mit deinem Chef, ob deine bisherigen Arbeitszeiten an deine Bedürfnisse angepasst werden können.

- Du bist selbstständig und findest nie ein Ende mit deiner Arbeit? Erst einmal möchte ich dir sagen, dass das wohl auch eine Art „Krankheit" der Unternehmerinnen ist: Man hat immer etwas zu tun. Doch du kannst überlegen, ob du wirklich alles alleine machen musst. Gibt es die Möglichkeit, dass du dir Unterstützung holst, die dir einige Aufgaben abnehmen kann? Außerdem frage ich dich, ob alle Dinge, die du tun „musst", dich auch wirklich deinem Ziel näherbringen.

- Akzeptiere, dass du keine deiner Rollen zu 100 % perfekt ausüben kannst. Es wird immer etwas auf der Strecke bleiben. Mach dir bewusst, dass du immer dein Bestes gibst und dass das, was am Ende herauskommt, das bestmöglichste Ergebnis ist. Akzeptiere, dass deine To-dos im Büro möglicherweise nie ganz erledigt sind. Deine Kunden werden sicher nicht abspringen, nur weil du eine E-Mail etwas später beantwortest. Dein Chef wird dich nicht gleich entlassen, wenn du deine Arbeit unterbrechen musst, weil deine Kinder vom Kindergarten abgeholt werden müssen. Genau so wenig wird es irgendjemanden stören, wenn du die Wäsche heute nicht gewaschen hast. Akzeptiere, dass deine Kinder sich hin und wieder beschweren, dass du zu wenig Zeit für sie hast.

Auch wenn ich dich vielleicht nicht kenne, möchte ich dir sagen: Du bist eine tolle Mutter, die sich liebevoll um ihre Kinder kümmert. Jede Mutter liebt ihre Kinder und tut das bestmögliche in ihrer Macht Stehende, auch wenn es eine Mutter ist, die ihren Job nun mal auch braucht, um glücklich zu sein.

4

Stressfaktor #2: Der Perfektionismus

Ich möchte dir eine kleine Geschichte erzählen. Diese spielte sich an einem Sonntagnachmittag vor einigen Jahren ab. Es war ein Tag, der sich noch in meinem „Vor-Kind-Leben" abspielte: Ich hatte eine Bekannte mit zwei Kindern, die ich spontan besuchen wollte. Nennen wir sie Antonia. Unangekündigt. Ich rief sie kurz an, ob sie da sei, und eine viertel Stunde später stand ich vor ihrer Tür. Ich klingelte und betrat ihr Haus, und es befand sich in einem tadellosen Zustand. Ein Zustand, der mir damals schlichtweg nicht auffiel, da er für mich normal schien. Die Küche war aufgeräumt, es waren keine Spuren davon zu sehen, dass vor einer halben Stunde noch zwei hungrige kleine Menschen Spaghetti Bolognese am Tisch verschlungen hatten und dabei den Parmesankäse verschütteten. Kaum ein Spielzeug war sichtbar im Wohnzimmer. Die Sonne schien durch streifenfreie Fensterscheiben. Meine hellen Socken waren beim Verlassen des Hauses genauso hell wie beim Eintreten.

© Der/die Autor(en), exklusiv lizenziert durch Springer Fachmedien Wiesbaden GmbH, ein Teil von Springer Nature 2021
D. Schenk, *Der Anti-Stress-Trainer für Working Moms*, Anti-Stress-Trainer, https://doi.org/10.1007/978-3-658-34514-3_4

Wenn ich nun etwa 9 Jahre vorspule und du mich heute besuchen würdest, wäre das etwas anders: Ich würde dir die Türe öffnen (die aber nicht ganz aufgehen würde, weil sich auf dem Boden mehrere Schuhe meiner Kinder türmen). Ich würde dir auch nicht empfehlen, deine Schuhe auszuziehen, weil ich es in den letzten drei Tagen noch nicht geschafft hatte, den Staubsauger einzusetzen. Du könntest also wenigstens vermeiden, dass du den halben Sandkasten, den mein Jüngster gestern an der Garderobe ausgeleert hatte, mit deinen Socken zu dir nach Hause trägst. Ich würde dich durch unser Wohnzimmer ins Esszimmer leiten. Wir müssten etwas Slalom-Laufen, weil meine Kinder heute Morgen mitten im Wohnzimmer eine Höhle aus Couch, Stühlen, Kissen und Decken gebaut hatten. Wir wären gerade fertig mit Mittagessen – im Esszimmer würdest du noch einen mit Tomatensoße verschmierten Tisch vorfinden, den ich eigentlich gerade putzen wollte, als mein Sohn in der Küche beim Aufräumen einen Teller zerbrach. Den Wäscheberg und das ungeputzte Bad würdest du nicht sehen, weil sich zum Glück beides im Obergeschoss befindet – direkt neben den mit Lego und sonstigen Spielsachen zugemüllten Kinderzimmern meiner Söhne. Es ist Samstag und ich habe gerade wieder eine unglaublich stressige Arbeitswoche inklusive diverser Hausaufgaben-Diskussionen mit meinem Ältesten hinter mir.

Noch vor ein paar Jahren hätte ich dich niemals zur Türe herein gelassen. Denn ich gehörte auch zu dem Typ Mensch wie Antonia. Daher habe mich damals bei ihr auch total wohlgefühlt. Ich habe mich nicht im Geringsten gefragt, ob dieser Zustand bei Ihr zu Hause normal ist. Denn Antonia tickte wie ich damals. Wir gehörten beide zur Sorte der Perfektionisten.

Für Perfektionisten gibt es keine halben Sachen

Perfektionisten sind Menschen, die auf einer über-triebenen Art nach Perfektion und Fehlervermeidung streben. 100 % sind nicht genug, es müssen 150 % sein.

Bist du auch ein Perfektionist, so wie ich es war? Dann müssten dir Glaubenssätze wie: „Ich muss perfekt sein" oder „Ich darf keine Fehler machen" bekannt sein.

Ich war durch und durch strukturiert, sowohl privat als auch beruflich. Meine Wohnung war stets aufgeräumt, meine Unterlagen waren immer aktuell sortiert und alles war abgelegt. Meine Fenster putzte ich monatlich, das Bad zwei Mal wöchentlich und den Fußboden täglich. Wenn ich Besuch bekam, wischte ich bis in die hinteren Ecken Staub und zog die Betten ab. Egal wer zu mir nach Hause kam, es war immer alles aufgeräumt. In den Urlaub fuhr ich nie, ohne eine tadellos aufgeräumte Wohnung zu hinterlassen. Auch mein Auto sah stets picobello aus. Außen wurde es regelmäßig gewaschen, innen selbst-verständlich regelmäßig gesaugt, gegessen wurde darin ohnehin nie. Meine Kleidung war gebügelt, sogar die Bett-wäsche geplättet und die Schuhe immer geputzt. So hatte ich alles gelernt.

Das Perfektionisten-Gen habe ich geerbt. Wenn man das Haus meiner Mutter betritt, wird einem auch sofort klar, woher ich das habe. Ich bin aufgewachsen in einer perfekt aufgeräumten und sauberen Vierzimmer-wohnung. Ich habe gelernt, dass Ordnung und Sauberkeit wichtige Tugenden sind. Fehlerfreie und hervorragende Leistungen in der Schule wurden belohnt durch Anerkennung. Umgekehrt wurde ich ermutigt, besser zu werden, wenn ich Fehler gemacht hatte. Hin und wieder wurde ich getadelt, auch wenn es nur um zwei Fehler in einem Diktat der dritten Klasse ging. Ich weiß, dass meine Mutter aus rein positiver Absicht gehandelt hat.

Schließlich führt Leistung zu Erfolg – und das hatte sich später in meinem Berufsleben mehrfach bestätigt.

Ich war sieben Jahre lang Assistentin auf unterschiedlichen Führungsebenen in einem Großkonzern. In diesem Job ist es essenziell, Struktur und Ordnung zu leben, da es schlichtweg in meiner Jobbeschreibung stand: Als Assistentin plant und organisiert man schließlich nicht nur sich selbst, sondern vor allem den Chef. Mein Perfektionismus kam mir hier sehr zugute. Mein Chef wusste, dass er sich absolut auf mich verlassen konnte, denn alles, was ich gemacht hatte, war zu 100 % korrekt und vollständig. Insofern alles gut – könnte man meinen. Doch es gab eine Situation, die mich sehr zum Nach- und Umdenken gebracht hat: ein sogenannter Schlüsselmoment im Jahr 2008.

Ab wann ist Perfektionismus zu viel?
Mein Chef verlangte von mir, eine PowerPoint-Präsentation zu erstellen. Ich sollte aus 16 unterschiedlichen Dateien, die im Laufe der letzten vier Jahre erstellt worden waren, jeweils eine Seite herauskopieren und in eine neue Datei einfügen. An sich kein Hexenwerk. Doch wer sich in PowerPoint auskennt, weiß, dass es wie Kraut und Rüben aussieht, wenn man unterschiedliche Folien aus unterschiedlichen Dateien zusammenwirft. In den letzten vier Jahren hatten sich nicht nur das Corporate Design, sondern auch die Präsentationsvorlagen mehrfach geändert. Ich setzte mich also hin und machte Folie für Folie „schön". Ich formatierte die Schriftart einzeln, sorgte für ein einheitliches Bild und einheitliche Farben auf allen 16 Seiten. Natürlich dauerte diese Aktion drei Mal so lang wie das bloße Zusammenkopieren. Mein Chef, der sonst sehr entspannt war, fragte mich während der Aktion auch drei Mal, wann ich denn endlich fertig sei und schaute sich beim vierten Mal an, was ich denn

da so trieb. Sichtlich genervt erklärte ich ihm, dass ich hier eine Heidenarbeit vor mir liegen hatte und dass es deshalb so lange dauerte. Sein Blick wandelte sich vom mürrischen Stirnrunzeln in einen sehr mitleidigen Hundeblick. Der Grund dafür war einfach: Ihm ging es nur um die Zusammenführung der Seiten in eine Datei und nicht um die Optik, denn er hatte nicht vor, diese Präsentation auch nur einem anderen Menschen zu zeigen.

Das war ein Moment, an dem ich mir buchstäblich in den Hintern beißen konnte, da ich fast 1,5 Stunden verschenkt hatte. Doch noch viel schlimmer war die Erkenntnis, dass mein Perfektionismus unnötige Zeit kostete. Natürlich hätte der Chef mir sagen können, dass er in diesem Fall keinen Wert auf die Optik legt. Ich hätte aber auch fragen können. Doch ich kam gar nicht auf die Idee, ihn zu fragen, da es für mich selbstverständlich war, kein Arbeitsergebnis zu liefern, was wie „Kraut und Rüben" aussah. Hätte er nicht unter Zeitdruck gestanden und hätte ich ihm die Datei fertig geliefert, wäre ja nie rausgekommen, dass das, was ich abgeliefert hatte, gar nicht gefragt war. Wie viele Situationen ich allerdings bis dato schon durchlebt hatte, ohne festzustellen, dass mein Aktionismus völlig sinnlos war, werde ich wohl nie erfahren.

Und dann überlegte ich weiter: Wie viele Situationen gibt es in meinem Privatleben, in denen ich mir unnötigen Stress bereite, weil ich Dinge immer perfekt machen will? Wenn sich zu Hause Besuch ankündigte, war es für mich völlig klar, dass der Hausgroßputz vorher durchgeführt wurde. Ich räumte alles picobello auf und entstaubte auch die Stellen, die die Gäste nicht einmal annähernd zu Gesicht bekommen würden. Doch so absurd das für andere aussehen mag, für mich war das normal. Wenn meine Wohnung nicht aufgeräumt war, hatte ich auch schon einmal den einen oder anderen Besucher im Hausflur abgewimmelt, weil es mir schlichtweg peinlich war, wenn auch nur annähernd zwei Staubkörner zu sichten waren.

Für Außenstehende (wie meinen Mann, der mich in dieser Zeit schon kannte), ist es oft unverständlich, dass Perfektionisten manchmal sogar schon eine Art Zwang haben, Dinge zu sortieren, aufzuräumen, zu überprüfen, zu verbessern oder zu Ende zu bringen, bevor sie etwas anderes anfangen. Und natürlich kam ich bei meinen Überlegungen zu einigen Dingen, die mich Nerven kosten und mir Zeit rauben, und ich fragte mich zum Beispiel:

- Muss ich wirklich immer ein perfektes Bild abgeben?
- Muss ich wirklich eine zu 100 % aufgeräumte Wohnung haben?
- Muss ich wirklich die komplette Wohnung putzen und aufräumen, bevor ich übers Wochenende wegfahre?
- Muss jeder Schrank auch innen perfekt sortiert und strukturiert sein?
- Muss ich wirklich eine E-Mail drei Mal Korrektur lesen, bevor ich sie absende?

Die Liste könnte ich unendlich lang fortführen.

Fakt ist, ich habe mich entschieden, meinen Perfektionismus zu reduzieren, weil ich für mich festgestellt habe, dass er mich viel zu viel Zeit kostet. Und gerade als Working Mom ist Zeit ein sehr kostbares Gut. Ich habe heute schlichtweg gar keine Zeit mehr, diesen Perfektionismus auszuleben. Und bevor ich mich heute überhaupt in den Perfektionismus verliere, verbringe ich lieber wertvolle Zeit mit meinen Kindern.

Unperfekt, aber glücklich
Ich räume unser Haus immer noch gerne auf, wenn sich Besuch (rechtzeitig) ankündigt. Und ich putze auch einigermaßen regelmäßig. Aber ich lasse mich nicht mehr

stressen, wenn ich es nicht schaffe. Seit der Pandemie hat sich in unserem Alltag viel verändert. Mein Mann und ich arbeiten beide inzwischen viel von zu Hause aus. Unser Grundschulkind ist (wenn wir uns nicht gerade in einer Homeschooling-Phase befinden) ab Mittags zu Hause. Vor der Pandemie hat jedes Familienmitglied außer Haus gegessen (Schule, Betreuung, Kantine etc.) – inzwischen wird jeden Tag zu Hause gekocht. Dass da natürlich viel mehr „Dreck" und Arbeit anfällt ist logisch. Doch die Zeit ist deshalb nicht mehr geworden. Das bedeutet: Man kann gar nicht alles schaffen. Ich versuche, die Dinge lockerer zu sehen.

Wir leben eben in unserem Haus, und das sieht man auch. Jeder, der zwei kleine Kinder hat, weiß genau, dass sich eine Wohnung oder ein Haus innerhalb von wenigen Minuten vom Schöner-Wohnen-Ausstellungsstück zum Überbleibsel eines Wirbelsturms wandeln kann. Das ist völlig normal. Ich gerate nicht mehr in Panik, wenn während dieses Tornadozustandes einmal die Nachbarin spontan vorbeikommt. Und vor allem: Ich schäme mich nicht mehr, dass ich im Alltag nun einfach keine Zeit mehr habe, einen perfekt aufgeräumten Haushalt zu haben.

So legst du deinen Perfektionismus Schritt für Schritt ab

Was ist zwischen mir damals und heute passiert? Natürlich kann man als Perfektionist den Perfektionismus nicht einfach mal so ablegen. Das konnte ich auch nicht. Ich habe mich auch einmal coachen lassen und gemeinsam mit meinem Coach die negativen Glaubenssätze in positive Erlaubersätze umgewandelt. Positive Erlaubersätze könnten zum Beispiel sein:

- Ich darf Fehler machen.
- Nobody's perfect.
- Lieber unperfekt, aber glücklich.
- Chaos ist gut für die Kreativität.
- Hier ist es nicht unordentlich, hier wird gelebt.

Wenn du deinen Perfektionismus auch reduzieren möchtest, dann finde deinen persönlichen Erlaubersatz, der genau das Gegenteil von „Ich muss perfekt sein" ausdrückt. Wichtig ist, dass er positiv formuliert ist (also ohne Verneinung im Satz), da dies von unserem Gehirn besser verarbeitet werden kann. Wenn du deinen Satz gefunden hast, dann schreibe ihn auf einen gelben Klebezettel und hänge ihn dorthin, wo du ihn mehrmals täglich siehst und ihn dir immer wieder ins Bewusstsein rufen kannst. Je öfter du den Satz für dich wiederholst, desto schneller brennt er sich in dein Gehirn ein. Du programmierst dich quasi um.

Meine persönlichen Erlaubersätze „Ich mache die Dinge so, wie ich sie für richtig halte" und „Bei 100 % ist

Schluss" habe ich immer und immer wiederholt, wie eine Art Mantra, bis die Sätze sich in mein Gehirn eingebrannt und ich angefangen habe, Dinge oder Aktionen anders zu bewerten.

Praxistipps für den Alltag

Mein Perfektionismus hat sich im Laufe der Zeit normalisiert. Sicherlich gibt es einige Dinge, bei denen ich immer noch sehr genau bin, aber inzwischen reflektiere ich mehr. Wenn mein Mann mal wieder die Augen verdreht, weil ich samstags eine große Putzaktion zu Hause starten will, dann denke ich darüber nach, ob er mit seinem Augenverdrehen vielleicht recht hat. Muss ich wirklich einen Familientag mit Hausarbeit verbringen oder genügt es, einmal schnell durchzusaugen und dann lieber die Zeit zu nutzen, um etwas mit meinen Kindern zu unternehmen? Es geht nicht darum, dass Perfektionismus komplett zum Chaos umgewandelt werden muss. Es geht nur darum, sich bewusst zu machen, dass Perfektionismus ein großer Zeitfresser und damit Stressfaktor ist. Und ich habe mich dafür entschieden, dass der Perfektionismus mich nicht mehr im Griff haben soll. Ich habe gelernt, ihn dann einzusetzen, wenn es wirklich notwendig ist, und dann im Hintergrund zu lassen, wenn es darum geht, einfach mal zu leben.

Du kannst täglich erste kleine Schritte verändern, damit dein Perfektionismus nicht mehr die Überhand gewinnt. Hier bekommst du meine acht erfolgserprobten Tipps für deinen Alltag im Büro oder auch zu Hause:

1. Mache dir realistische Pläne und erwarte nicht zu viel von dir selbst. Perfektionisten neigen gerne dazu, sich viel zu hohe Ziele zu stecken. Schreibe dir eine To-do-Liste und schätze ein, wie lange du für jede einzelne Aufgabe brauchst. Verplane nicht mehr als 50 % deines Tages – erfahrungsgemäß musst du ebenso viel Zeit freihalten für unvorhergesehene Dinge.
2. Setz dir ein Zeitlimit bei allem, was du tust. Menschen, die perfektionistisch arbeiten, verlieren sich gerne in Details, ganz egal, was für eine Aufgabe es ist. Im Büro habe ich mich gerne in Excel-Listen verloren. Ich habe sie fünf Mal überprüft, um sicher zu gehen, dass auch

wirklich keine Fehler drin sind. Aber auch zu Hause kann man sich verlieren. Da kann aus dem schnellen Küche aufräumen auch mal spontan ein Großputz werden, wenn man die Krümel in der Schublade mit den vielen Plastikdosen entdeckt.

3. Achte in deinem Arbeitsalltag darauf, dass du dich nicht in unnötigen Kleinigkeiten verrennst. Wenn du einen Auftrag bekommst, frag immer genau nach, wie das Endergebnis aussehen soll und was dein Auftraggeber genau erwartet. Lass dir einen konkreten Abgabetermin nennen und hol dir bei Bedarf ein Zwischenfeedback ein, um nicht in die falsche Richtung zu rennen.

4. Weniger ist oft mehr. Versuche nicht, immer die 100 %-Zielerreichung zu überbieten. Meist reichen 80–90 %. Frage im Job nach, was genau von dir erwartet wird. Die eigenen Erwartungen liegen bei einer Aufgabe oft viel höher als die des Chefs.

5. Suche nicht nach Fehlern, sondern fokussiere dich auf das, was schon richtig ist. Fehler machen ist menschlich. In den seltensten Fällen ist ein kleines Missgeschick gleich ein Weltuntergang. Auch ein Rechtschreibfehler in einer E-Mail fällt selten auf und wird dich sicher nicht gleich deinen Job kosten.

6. Ärgere dich nicht unnötig, wenn etwas nicht klappt, sondern schau nach vorne.

7. Vergleiche dich nicht mit anderen. Mache dir stattdessen bewusst, wie viel du schon erreicht hast und freue dich über deine Erfolge.

8. Suche dir Vorbilder, die mit dem Perfektionismus gelassener umgehen. Mit welchen Anforderungen und Aufgaben geht diese Person lockerer um? Welche Auswirkungen hat das? Wenn du es schaffst, das objektiv zu beobachten, wirst du einige Bereiche identifizieren können, in denen du selbst auch etwas lockerer werden könntest. Du musst diese Person ja nicht kopieren, aber es spricht ja nichts dagegen, gute Verhaltensweisen zu adaptieren.

5

Stressfaktor #3: Das schlechte Gewissen

Sommer 2018. Ich bin mit meinen Kindern in einem wunderschönen Kinderhotel im Allgäu. Der Urlaub kostet mich ein halbes Vermögen, doch es lohnt sich. Für die Kinder gibt es hier alles, was das Herz begehrt. Einen Wasserspielplatz, ein Schwimmbad, ein riesiges Bällebad, einen Streichelzoo, eine Hüpfburg und unzählige Aktionen. Mein Mann kann leider nicht dabei sein, da er nicht die kompletten Sommerferien Urlaub nehmen kann. Ein Privileg als Selbstständige, denn ich kann meinen Urlaub so wählen und gestalten wie ich möchte. Natürlich bekomme ich während der Zeit auch kein Urlaubsgeld. Doch zumindest ist bei uns das Betreuungsproblem in den nicht gerade kurzen Sommerferien erst einmal geregelt. Neben zwei gemeinsamen Ferienwochen verbringe ich die restliche Zeit mit meinen Kindern alleine. Und weil ich mit zwei kleinen Kindern nicht zu Hause bleiben möchte, habe ich mir dieses Kinderhotel ausgesucht. Zu Hause

D. Schenk, *Der Anti-Stress-Trainer für Working Moms,* Anti-Stress-Trainer, https://doi.org/10.1007/978-3-658-34514-3_5

wartet nur der Alltag inklusive täglichem Kochen und ein Berg voller Bügelwäsche auf mich. Und Action brauchen meine Kinder sowieso. Hier im Hotel bekommen sie alles, was sie brauchen. Und ich auch. Denn das Beste an diesem Urlaubsparadies: Es gibt eine Kinderbetreuung. Für jede Altersgruppe gibt es hier unterschiedliche Mini/ Kinder- und Teens Clubs, in der die Kinder von 7 Uhr bis 21 Uhr von qualifiziertem Personal betreut werden können. Etwas krass gesagt, können hier die Kinder nahezu getrennt von den Eltern Urlaub machen, wenn die Eltern (und Kinder) das möchten. Natürlich nutze ich nicht die komplette Betreuungszeit aus, doch ich gebe zu, dass es als alleinreisende Mutter mit zwei Kindern eine hervorragende Möglichkeit ist, nach dem Urlaub auch entspannt nach Hause zu kommen.

Während meine Kinder also in diesem Moment Spaß ohne Ende mit Gleichaltrigen in der Kinderbetreuung haben, lasse ich mich im sehr ansprechenden Wellnessbereich verwöhnen. Seit Monaten schmerzt mein Rücken, weil mein Sohn am liebsten auf meinem Arm einschläft – wiegend versteht sich. Heute gönne ich mir endlich eine Massage mit anschließendem Saunagang. Doch anstatt zu genießen, werden schon während der Massage Stimmen in mir laut: Es meldet sich das schlechte Gewissen: „Ist es wirklich in Ordnung, dass meine Kinder schon wieder nicht bei mir sind? Jetzt bin ich schon beruflich so viel auf Tour, kann ich dann nicht einmal 24 h pro Tag während den Sommerferien mit meinen Kleinen zusammen sein? Bin ich zu egoistisch? Bin ich eine schlechte Mutter, weil ich in ein gut organisiertes Hotel fahre und es zu Hause nicht hinbekomme?" Im Übrigen ist das nicht nur meine eigene Stimme, sondern es sind auch Stimmen von anderen, die ich einmal vernommen habe. Denn als berufstätige Mutter bekommt man so einiges zu hören, doch dazu später mehr.

Ich lasse den Saunagang sein und eile nach der Massage sofort zur hoteleigenen Kita und schaue nach dem Rechten. Dort werde ich zuerst von meinem damals Fünf-jährigen empfangen, der mich bitterböse anschaut, weil ich ihn mitten in einem Ritterspiel störe. Warum ich jetzt schon komme, werde ich gefragt. Wir hatten doch verein-bart, dass er noch bis zum Nachmittag bleiben darf. Mein damals knapp Zweijähriger ist nicht einmal anwesend. Laut Betreuerin vergnügt er sich gerade mit den anderen Gleichaltrigen auf dem Wasserspielplatz. Völlig ver-wirrt trete ich meinen Rückzug in den Wellnessbereich an. Wollen mich meine Kinder gar nicht sehen? Bin ich so eine schlechte Mutter, dass sie lieber in der Kinder-betreuung sind, als Zeit mit mir zu verbringen? Mit den negativen Gedanken versuche ich mich nun doch bei einem Saunagang zu entspannen. Doch es gelingt mir nicht richtig. Meine Gedanken sind die ganze Zeit bei den Kindern. Das Gefühlskarussell wird perfekt, als eine Bekannte mir über WhatsApp schreibt: „Also, wenn ich schon einmal Urlaub habe, dann möchte ich jede freie Minute mit meinen Kindern zusammen sein. In der Sauna entspannen und meine Kinder in der Kinderbetreuung abgeben, das könnte ich nicht!" Vielen Dank, denke ich. Es ist ja nicht so, als würde ich mich nicht selbst schon fertig machen. Mein schlechtes Gewissen ist nun so groß, dass ich heulen könnte.

Ich bin eine schlechte Mutter

Das schlechte Gewissen ist gerade bei Working Moms ständig aktiv. Wir haben das Gefühl, nie genug zu sein. Das fing bei mir schon in den ersten Wochen nach der

Geburt an. Ich war zum Beispiel keine dieser klassischen Stillmamas. Ich habe zwar gestillt, wirklich gut geklappt hat es aber nicht. Im Gegenteil, für mich war das purer Stress. Also habe ich es nach einigen Wochen gelassen. Was natürlich praktisch ist, denn ein Flaschenkind ist nicht abhängig von der Mutter – gerade bei Working Moms, die vielleicht gar keine lange Babypause machen möchten, eigentlich sehr praktisch. Doch natürlich wurde mein schlechtes Gewissen wieder sofort aktiv: Bleibt mein Kind gesund, auch wenn es nicht gestillt wird? Stillen ist doch das Beste fürs Kind, warum kann ich ihm das nicht bieten? In mir tobten Glaubenssätze wie „Das darf ich nicht" oder „Ich bin nicht genug für mein Kind".

Das schlechte Gewissen meldet sich vor allem dann, wenn wir wieder beginnen zu arbeiten. Ganz egal, nach wie vielen Wochen oder Monaten das sein wird, es wird uns verdammt schwer fallen. Bei meinem ersten Kind wollte ich alles ganz anders machen. Ich wollte zwei Jahre zu Hause bleiben, mich voll und ganz auf das kleine Wesen einstellen. Nach 13 Jahren angestellt sein habe ich die erste Zeit auch genossen. Ich konnte tun und lassen, was ich wollte, glücklicherweise hatte ich auch noch ein sehr pflegeleichtes Baby. Ich verabredete mich also zu Frühstück, Brunch und Pekip, ging shoppen, kochte Marmelade, kümmerte mich um den Haushalt, strickte Socken und malte sogar. Für einige Wochen war ich sogar wirklich glücklich. Doch wirklich ausgefüllt hat mich das nie. Nach einem halben Jahr fragte mich mein Mann erstmals, ob ich nicht doch wieder arbeiten gehen möchte. Er kennt mich sehr gut und er hat meine fehlende Ausgeglichenheit bemerkt. Ich wollte wieder etwas für mich tun, meinen Geist beanspruchen. Doch mein schlechtes Gewissen hielt mich erst einmal zurück. Schließlich wollte ich doch für mein Kind da sein. Es hat meinen Mann viel Überzeugungsarbeit gekostet, dass ich mich am Ende getraut habe, endlich meine Selbstständigkeit zu starten (und ich bin ihm unendlich dankbar dafür!).

Ich kenne viele Frauen mit Kindern, die sich nicht trauen, ihre eigenen Bedürfnisse zu leben. Sei es, wieder in ihren Job zurückzugehen, ihre Stunden aufzustocken oder auch einfach mal ein Wellnesswochenende mit der besten Freundin zu verbringen. Sätze wie „Was glaubst du eigentlich, wer du bist", „Ich kann mir das nicht erlauben", „Ich muss doch für meine Kinder da sein", „Ich bin eine schlechte Mutter, weil ich so egoistisch bin" oder „Mein Mann schafft das doch nie" halten sie dabei zurück. Doch wer seine eigenen Bedürfnisse ständig zurückhält, hungert irgendwann aus. Ich vergleiche das gerne mit einer Pflanze. Wen man diese nicht gießt, geht sie irgendwann ein.

Hab kein schlechtes Gewissen
Meine Kinder sind das wichtigste in meinem ganzen Leben. Und das wird sicher bei den allermeisten Müttern genauso sein. Dennoch ist für mich die innere Zufriedenheit und Ausgeglichenheit genauso wichtig. Und diese Zufriedenheit ziehe ich nicht nur aus meinen Kindern und meiner Familie, sondern eben auch aus meinem Job.

Wie ist es bei dir? Wie sehr füllt es dich aus, wenn du einen ganzen Tag lang nur mit deinen Kindern verbracht hast? Wie fühlt es sich an, wenn das für dich der ganz normale Alltag ist? Wie zufrieden bist du, wenn du am Ende des Tages oder am Ende der Woche zurückblickst? Was antwortest du, wenn dein Partner dich am Abend fragt, wie dein Tag war? Wie stark ist dein Verlangen, etwas ohne deine Kinder zu machen? Wie sehr fehlt dir das, was du jobtechnisch vor deiner Babypause gemacht hast?

All das sind Fragen, die ich mir auch gestellt habe. Und ich habe für mich das Fazit gezogen, dass ich nur als Hausfrau und Mutter ohne andere Aufgabe im Beruf extrem unzufrieden war. Mich hat es schlichtweg nicht erfüllt, tagelang auf Spielplätzen zu sitzen und mit anderen Müttern über die angesagteste Breisorte zu sprechen. Ich will damit niemanden verurteilen – doch dieses tägliche Programm hat mich persönlich einfach nicht ausgefüllt. Ich wollte mehr als nur Marmelade kochen, essbare Knete anmischen und Fingerfarbe von den Fenstern kratzen. Ich wollte wieder gefragt sein mit all den Fähigkeiten, die ich neben dem Muttersein noch habe: das, was ich nur in meinem Job zeigen kann. Ich wollte wieder wichtig sein für andere Menschen außerhalb meiner Familie. Ich wollte wieder Lob und Anerkennung erhalten für das, was ich tue. Natürlich war mein Mann auch stolz auf das, was ich tagsüber geleistet hatte. Schließlich sind die Kindererziehung und die Haushaltsführung alles andere als leicht. Doch das war für mich einfach nicht dasselbe. Ich wollte wieder arbeiten! Liebe Working Moms, wenn ihr auch so tickt wie ich, hört auf, ein schlechtes Gewissen zu haben!

Finde neue Erlaubersätze, um dein schlechtes Gewissen zu beruhigen

Finde auch für deine innere Stimme neue Erlaubersätze, die dir helfen, erst gar kein schlechtes Gewissen aufkommen zu lassen. Nutze für dich folgende positive Affirmationen:

- Ich tue das Richtige für mich und meine Kinder.
- Meinen Kindern geht es gut, wenn es mir gut geht.
- Ich bin die beste Mutter für meine Kinder.

Inzwischen war ich schon ein zweites Mal in besagtem All-inclusive-Hotel und konnte die Zeit noch viel besser genießen als beim ersten Mal. Und das wichtigste: Nicht nur ich war am Ende erholt, auch meine Kinder waren glücklich. Wir sprechen hier übrigens von einer Woche Urlaub ohne meinen Mann. In der Urlaubszeit, die wir als komplette Familie zusammen verbracht haben, haben wir keine externe Kinderbetreuung benötigt.

Übrigens: Auch im Alltag nutzen wir hin und wieder Tagesmutter oder Babysitter, damit auch mein Mann und ich Zeit zu zweit bei einem schönen Restaurantbesuch oder Ähnlichem haben. Auch das sollte man sich hin und wieder gönnen – ganz ohne schlechtes Gewissen!

> **Praxistipp für den Alltag: Sei präsent und fokussiere dich**
>
> Als selbstständige Working Mom bin ich viel unterwegs, manchmal sogar mehrere Tage am Stück. Natürlich meldet sich da auch mein schlechtes Gewissen immer wieder. Auch wenn es meinen Kindern in der Zeit an nichts fehlt. Sie haben einen tollen Papa, der den Alltag auch ohne mich ganz hervorragend bewältigt. Sie kennen es nicht anders, sie wissen, dass Mama ab und zu abends nicht nach Hause kommt, weil sie irgendwo in Deutschland oder in der Schweiz arbeitet. Sie sind so aufgewachsen und es gewohnt. Dennoch gibt es Tage, an denen sie am Telefon weinen und mich vermissen, und natürlich freuen sie sich, wenn ich wieder da bin.
>
> Wichtig ist in der Zeit, in der ich zu Hause bin, vor allem eines: Ich möchte präsent sein. Präsent sein heißt, dass sie es mir übel nehmen, wenn ich nach Hause komme und den Kopf voller Arbeit habe und im Wohnzimmer am Laptop sitze. Wenn ich schon nicht jeden Tag da bin, haben sie wenigstens in der Zeit die volle Aufmerksamkeit verdient. Und das ist in der heutigen Zeit eine kleine Herausforderung.

Die Trennung zwischen Privatleben und Job verschwimmt oft. Durch Smartphone & Co. sind wir überall erreichbar und können auch nach Feierabend noch E-Mails checken. Ich habe die Beobachtung gemacht, dass gerade bei selbstständigen Müttern diese Trennung noch schwieriger ist, da man als Unternehmerin immer etwas zu tun hat.

Mein Tipp: Versuche die Trennung wieder klarer herzustellen. Wenn du zu Hause mit dem Kopf noch bei deinen beruflichen To-dos bist, bist du nicht präsent. Deine Kinder merken das. Ebenso wenig kannst du dich tagsüber auf deine Arbeit konzentrieren, wenn du mit dem Kopf noch bei deinen Kindern bist oder darüber nachdenkst, was du später kochen oder mit ihnen unternehmen möchtest. Versuche die beiden Bereiche zu trennen. Wenn du morgens das Haus verlässt, begib dich bewusst in den Arbeitsmodus. Versuche das auch am Nachmittag oder Abend, wenn du nach Hause kommst. Finde ein Ritual, das dir hilft, von der Arbeitswelt in dein Privatleben zu kommen und dort auch vollkommen abzuschalten. Das gilt übrigens auch, wenn du im Homeoffice arbeitest Mir hilft es, wenn ich in der letzten Viertelstunde meines Arbeitstages all meine To-dos aufschreibe, die noch offen sind, und mir überlege, wie ich meinen nächsten Arbeitstag gestalten möchte.

Als kleines Ritual zum Abschluss mache ich regelmäßig meine Rucksackübung: Bevor ich zum Beispiel mein Büro verlasse oder den Laptop im Homeoffice zuklappe, nehme ich einen virtuellen Rucksack und packe dort gedanklich alles hinein, was ich im Büro lassen und nicht mit nach Hause tragen möchte: meine noch zu bearbeitenden Aufgaben, die schlechte Laune, weil ein Auftrag nicht geklappt hat, der volle Posteingang, den ich heute nicht geschafft habe abzuarbeiten und der Stapel Rechnungen, den ich morgen angehen möchte. All diese Dinge und Gedanken daran möchte ich meiner Familie nicht zumuten. Zu Hause möchte ich den Kopf frei haben, um mich voll und ganz meinem Mann und meinen Kindern widmen zu können. Sobald ich mein Büro verlasse, nehme ich diesen virtuellen gepackten Rucksack und werfe ihn symbolisch hinter mich in mein Büro, wo er mich morgen wieder erwarten wird. Ohne diesen „Ballast" gehe ich nun nach Hause.

Wenn du von zu Hause aus arbeitest, wird die Trennung zwischen Privatem und Beruflichem ein wenig schwieriger. Hier hilft es, wenn du zumindest ein abschließbares Zimmer hast, wo du arbeitest. Betrete morgens ganz bewusst dein Homeoffice und schalte um in den Arbeitsmodus. Fokussiere dich dann voll und ganz auf deinen Job und lasse sämtliche Haushaltsarbeiten links liegen. Schließe am besten die Tür, damit du den Bügelkorb oder die fertige Spülmaschine gar nicht im Blick hast. Setze dir klare Zeiten, in denen du arbeitest, und erlaube dir höchstens, in den Pausen mal kurz die Wäsche zu erledigen.

Sei präsent und fokussiere dich auf das, was du gerade tust. Ich habe festgestellt, dass meine Kinder mich auf diese Weise bewusster erleben, wenn ich da bin, und es besser verkraften, wenn ich weg bin. Das wiederum lindert auch mein schlechtes Gewissen, weil ich weiß, dass ich alles gebe, wenn ich da bin.

6

Stressfaktor #4: Fehlender Egoismus

Kommen wir zu einem Stressfaktor, der gerne eng an das schlechte Gewissen gekoppelt ist: Der fehlende Egoismus. Dazu möchte ich dir von einer Kundin berichten: Christiane. Letztes Jahr kam sie zu mir und bat mich um ein persönliches Coaching. Sie war zu dem Zeitpunkt 47 Jahre alt, verheiratet und hatte einen Sohn im Alter von 19 Jahren, der zwar schon in der Ausbildung steckte, aber noch zu Hause lebte. Sie kam zu mir, weil sie kurz vor einem Burnout stand. Die ersten Jahre nach der Geburt ihres Sohnes war sie komplett zu Hause geblieben. Sie hatte den Haushalt geführt, sich um ihren Sohn gekümmert und sich zudem an vielen Ecken ehrenamtlich engagiert. Ihr Mann arbeitet seit über 25 Jahren im selben Betrieb und hatte sich bisher weitestgehend aus dem Haushalt und der Kindererziehung herausgehalten – nicht, weil er der Verantwortung entgehen wollte, sondern vielmehr, weil sie sich gerne um alles kümmerte und keine Hilfe annahm. Erst seit der gemeinsame Sohn in

D. Schenk, *Der Anti-Stress-Trainer für Working Moms,* Anti-Stress-Trainer, https://doi.org/10.1007/978-3-658-34514-3_6

die weiterführende Schule ging, hatte sie sich „getraut",
wieder arbeiten zu gehen. Doch nicht ohne alles weiter-
zuführen, was sie vorher auch gemacht hatte. Zu Beginn
arbeitete Christiane nur ein paar Stunden die Woche.
Inzwischen arbeitet sie wieder Vollzeit und kommt mit
ihren Aufgaben überhaupt nicht hinterher. Ihre Woche ist
vollgepackt: 40 h arbeitet sie als Sachbearbeiterin in einem
mittelständischen Unternehmen, benötigt zuzüglich eine
Stunde täglich für den Arbeitsweg hin und zurück. Dazu
kommen noch drei Ehrenamtspositionen, die sie je nach
Saison auch ordentlich in Anspruch nehmen, und noch
die ganze Hausarbeit für Mann und Sohn, der sich gerne
noch im „Hotel Mama" verwöhnen lässt. An ihr nagt
nicht nur ein drohender Burnout, sie leidet zudem unter
gesundheitlichen Problemen mit ihren Gelenken, die sie
nur mit regelmäßiger Bewegung lindern könnte. Doch
selbst dazu fehlt ihr die Zeit.

Christiane steht für mich sinnbildlich für die Frauen,
die sich komplett für die Familie aufopfern und noch
nicht einmal an ihre eigene Gesundheit denken.
Glaubenssätze wie

- Ich bin (mir) nicht wichtig,
- ich bin es nicht wert oder
- ich brauche das nicht (für mich) oder
- ich habe Wichtigeres zu tun, als für mich etwas zu tun

beherrschen ihre Denkweise. Frauen wie Christiane verlieren sich komplett in ihrer Rolle als Mutter und Hausfrau und stellen ihre Bedürfnisse vollständig hinten an.
Oft merken sie gar nicht, auf was sie verzichten, bis die
Kinder groß sind und die Aufgabe auf einmal wegfällt. Sie
stemmen alle Belastungen aus Liebe zu ihren Kindern und
dem Mann und merken oft erst zu spät, dass sie sich am
Rande ihrer Belastungsgrenze befinden.

Hast du keine Zeit oder bist du dir nicht wichtig genug?
Bei aller Doppelbelastung zwischen Familie und Beruf ist es ganz wichtig, dass frau sich selbst nicht vergisst. Ich werde immer wieder gefragt, wie ich trotz meines Jobs und meiner zwei Kinder auch noch Zeit für mich finde. Ganz klare Antwort: Ich nehme mir sie! Wenn ich die Working Moms in meinem Umfeld frage, wann sie sich zum letzten Mal ausschließlich um sich gekümmert haben, werde ich meist fragend angeschaut. „Ich habe dafür keine Zeit", folgt dann meist als Antwort.

Wenn du dich darin wiedererkennst, bitte ich dich um Folgendes: Ersetze doch einmal den Satz „Ich habe keine Zeit" durch „Das ist mir nicht wichtig". Wie fühlt sich das an? Geh noch einen Schritt weiter und sage: „Ich bin mir nicht wichtig". Das fühlt sich sicher nicht gut an, oder?

Setze die richtigen Prioritäten
Wenn ich Mütter frage, was für sie das wichtigste in ihrem Leben ist, antworten viele „meine Kinder" oder „meine Familie". Das ist an sich nicht schlecht. Doch weißt du, was ich auf diese Frage antworte: „Ich". Ja genau, ich bin das wichtigste in meinem Leben! Klingt egoistisch? Nein, das ist es nicht. Auch du solltest für dich immer an erster Stelle stehen! Ja, richtig, du! Nicht deine Kinder oder deine Familie, schon gar nicht dein Job. Du und nur du allein. Warum? Weil deine Familie dich braucht! Und diese hat nichts von dir, wenn du ausgebrannt oder unausgeglichen bist. Ebenso bringt es dem Chef nichts, wenn er eine Angestellte hat, die völlig erschöpft ist. Jede Frau und Mutter sollte sich hin und wieder auf sich konzentrieren und die Möglichkeit haben, ihre Akkus wieder aufzuladen.

Finde deine Kraftquellen
Überlege dir, wie du deine Akkus wieder aufladen kannst. Was tut dir gut? Ist es ein Saunabesuch mit einer

Wellnessanwendung? Oder ein Wochenende nur mit deiner besten Freundin? Denke darüber nach, was dir im Alltag hilft, wieder durchzuatmen, ohne dass es gleich viel Zeit beansprucht. Was würde dir helfen? Eine Stunde Spaziergang im Wald? Eine Yogasession? Vielleicht eine Meditation? Oder eine Runde joggen?

Nimm auch ruhig deinen Partner/Ehemann bzw. den Vater deiner/s Kinder/s mit in die Verantwortung, ein Wochenende für die Kinder allein verantwortlich zu sein. Sei mir versichert, er wird es hinkriegen (nicht wie du, aber er ist auch eine andere Person).

Ich habe den Sport für mich neu entdeckt. Ich war früher immer sehr sportlich. Ich habe jahrelang getanzt und aktiv Tennis gespielt – später war ich regelmäßig schwimmen oder im Fitnessstudio. Doch seit den Kindern bin ich in dieser Hinsicht extrem faul geworden. Und mein innerer Schweinehund hat mir wunderbar dabei geholfen, die kreativsten Ausreden zu finden, damit ich keinen Sport machen muss: „Ich habe keine Zeit – schließlich bin ich berufstätig und möchte meine wenige Freizeit mit der Familie verbringen." Nun, so kreativ ist diese Ausrede gar nicht – eher ein Standardsatz, den man sehr oft von berufstätigen Müttern hört. Doch stimmt das wirklich? Haben wir wirklich keine Zeit? Oder sind wir uns nicht wichtig genug? Ich bin der Meinung, wir nehmen sie uns nicht, weil uns andere Dinge wichtiger sind: Wir machen in der Stunde lieber noch die Wäsche fertig, bügeln den Stapel Bügelwäsche weg oder räumen schnell auf. Wir können doch unmöglich den Haushalt in diesem Zustand lassen, nur um Sport zu machen! Ladies, doch, das können wir, und das sollten wir sogar tun!

Ich habe mich an meinem 36. Geburtstag entschieden, meine Prioritäten zu verändern. Meine Familie ist mir immer noch das wichtigste, aber ich stehe an Platz eins, und da kommt auch keiner dran vorbei. Ich brauche den Sport an der frischen Luft, um aufzutanken, durchzuatmen und meine Gedanken freizubekommen. Diese kurze Zeit lasse ich mir nicht mehr nehmen, weil ich weiß, dass der Gewinn daraus viel größer ist. Wenn ich vom Joggen komme, fühle ich mich hervorragend, motiviert, ausgeglichen, entspannt und kann mich viel mehr auf die Dinge konzentrieren, die mir im Alltag begegnen.

Nimm dir Auszeiten
Hin und wieder nehme ich mich auch ganz raus: Meine beste Freundin und ich verbringen zum Beispiel jedes Jahr ein Mädelswochenende gemeinsam. Das haben

wir seit der Geburt unserer Kinder etabliert und planen diese Tradition jedes Jahr aufs Neue – nicht immer zur gleichen Zeit und selten zum gleichen Reiseziel, doch wenigstens einmal im Jahr (wenn nicht gerade Corona dazwischenfunkt). Jedes Mal fühlt es sich ein wenig komisch an. Ich erinnere mich noch an unseren ersten Ausflug zu zweit. Wir wurden beide nachts abwechselnd wach, weil wir dachten unsere Kinder weinen zu hören. Phantomgeräusche sozusagen. Und immer wieder gab es Situationen, in der eine von uns beiden aufgeschreckt wurde, weil wir dachten, wir hätten ein Kind vergessen. Völlig albern natürlich, aber das zeigt, dass wir natürlich unsere Kinder vermissen, wenn sie nicht bei uns sind. Gleichzeitig gibt es nichts Erholsameres, als in einem Hotelbett einzuschlafen und ohne „Kinderlärm" aufzuwachen. Es gibt nichts Gemütlicheres als sich am Frühstücksbuffet zu bedienen, ohne dabei das Nutellabrötchen klein schneiden zu müssen, damit das Kind wenigstens nicht die komplette Tischdecke verschmiert. Es gibt nichts Entspannenderes als in einem schönen Restaurant zu speisen, sich dabei zu unterhalten und gemütlich noch ein zweites Glas Wein zu trinken, ohne dabei ein ungeduldiges Kind um sich zu haben, welches sich langweilt und eigentlich ins Bett müsste.

Versteh mich nicht falsch, ich genieße jeden Moment mit meinen zwei kleinen Kindern, aber ich genieße auch genauso jeden Moment, den ich nur für mich (oder in diesem Fall mit meiner besten Freundin habe).

Auch die Paarbeziehung braucht Aufmerksamkeit

Das Gleiche gilt übrigens auch für dich bzw. euch als Paar. Viele Beziehungen zerbrechen ausgerechnet dann, wenn die Kinder noch im Kindergartenalter sind. Der Grund ist meist, dass beide so viel Zeit und Energie für die Kindererziehung und die schlaflosen Nächte verbrauchen, dass kaum noch Zeit für die Beziehung bleibt. Neben der Zeit für sich selbst sollte man also auch noch Zeit zu zweit verbringen – in welcher Form auch immer.

Natürlich höre ich bei diesen Empfehlungen schon Stimmen die laut werden: „Wann sollen wir das alles machen, und wer passt dann auf unsere Kinder auf?" Auch hier ist wieder meine Frage: Hast du bzw. habt ihr keine Zeit dafür, oder ist es euch nicht wichtig genug? Es sollte jedenfalls wichtig sein, denn sowohl du selbst als auch deine Beziehung zu deinem Partner ist das stabile Grundgerüst für eine funktionierende Work-Life-Balance. Und für die Kinderbetreuung gibt es immer eine Lösung, wenn man das will! Wenn du keine Eltern oder Schwiegereltern in der Nähe hast, baue dir ein Netzwerk: Vielleicht kennst du andere Eltern oder Mütter, die sich in ähnlicher Situation befinden. Ab einem gewissen Alter können die Kinder ja auch einmal bei ihren Freunden übernachten. Und schon hast du einen freien Abend, den du für dich bzw. für deine Beziehung nutzen kannst. Im Gegenzug verschaffst du den anderen Eltern auch Freiraum, wenn ihr den Kindergartenfreund eures Kindes mit betreut. Oder du kümmerst dich um einen Babysitter. Es gibt genügend engagierte Schulkinder in der Oberstufe, die diesen Job verantwortungsvoll übernehmen. Sie stocken ihr Taschengeld damit auf und du hast Freiraum. Alternativ kann vielleicht auch eine Tagesmutter hin und wieder einspringen. Natürlich kosten Babysitter und Tagesmütter Geld, doch diese muss man ja nicht dauerhaft in Anspruch nehmen. Und hin und wieder darfst du dich fragen, was dir deine Ausgeglichenheit wert ist? Gar nichts? Oder investierst du lieber einmal 40 EUR für einen Abend zu zweit?

Wir haben uns ein ganzes Netz an Betreuungsmöglichkeiten geschaffen, weil es schlichtweg anders gar nicht geht. Schließlich kann die Oma oder der Opa nicht immer kommen, die Tagesmutter ist einmal krank oder die Babysitterin hat andere Pläne.

Übrigens: Auch zu Corona-Zeiten haben wir versucht, unsere Paarzeiten einzuplanen. Natürlich war das längst nicht so einfach, wie sonst. Doch wenigstens ein Filmabend zu zweit oder ein kleiner Spaziergang, wenn die Kinder schlafen, war hin und wieder mal drin. Und zum Glück gab es auch in diesen Zeiten mal das ein oder andere Wochenende, an dem die Kids bei den Großeltern waren und wir mal Durchatmen konnten.

Praxistipp für den Alltag: Reserviere regelmäßige Ich- und Wir-Zeiten

Damit die Zeit für uns (sowohl allein als auch zu zweit) nicht zu kurz kommt, planen mein Mann und ich uns regelmäßig diese Ich- und Wir-Zeiten ein. Bei uns sieht das so aus:

- Mindestens zweimal im Jahr darf jeder von uns ein komplettes Wochenende allein verreisen. Das sieht dann meistens so aus, dass ich ein Wochenende mit meiner besten Freundin in irgendeiner Stadt beim Shoppen und Bummeln verbringe und im Winter ein Wochenende mit meiner Stiefschwester zum Skifahren in die Berge reise. In der Regel kommt dann noch ein weiteres Wochenende dazu – dieses Jahr beispielsweise zum Wellnessen mit meiner „Stammtisch-Mütter-Gruppe". Mein Mann geht meistens ebenso lang auf Skitour im Winter, weil er dort seine Akkus am besten aufladen kann.
- Etwa ein Abend im Monat, mindestens alle zwei Monate, reserviert sich mein Mann einen Abend, den er in der Therme verbringt. Natürlich darf ich mir diese Freiheit auch nehmen, hin und wieder findet man mich auch in der Therme oder beim Abendessen mit einer Freundin.
- Mindestens einmal im Monat versuchen wir einen Babysitter zu engagieren, damit wir einen Abend zu zweit verbringen können. Da wir gutes Essen und guten Wein lieben, findet man uns an diesem Abend meist in irgendeinem Restaurant.

Wenn jeder auf seine Kosten kommt, gibt es keine Ungerechtigkeiten und keine schlechte Laune. Wichtig ist, dass jeder sich die Ich- (und natürlich Wir-)Zeit fest im Kalender reserviert und dass diese nicht verschoben werden. Wenn man sich nur danach richten würde, wann es passt, passt es nämlich nie, da es immer etwas zu tun gibt oder die Situation ungünstig ist, weil wieder ein Kind krank ist.

7

Stressfaktor #5: Andere Mütter

Es gibt zwei Lager von Müttern: die arbeitende Mutter und die Mutter, die nicht (angestellt oder selbstständig) arbeitet und sich in den ersten Jahren (oder auch mal länger) komplett der Kindererziehung widmet. Zum ersten Mal treffen sich die beiden bei der Geburtsvorbereitung. Doch richtig ernst wird es erst, wenn das Kind da ist und in die Kita geht. Dann wird verglichen. Und zwar schonungslos, manchmal sogar ohne gegenseitigen Respekt. Nicht selten hört man da Sprüche wie von Franziska aus meinem Wohnort: „Also ich kann es absolut nicht nachvollziehen, wie man so früh schon wieder arbeitet und das Kind abgibt. Das arme Kind braucht doch die Mutter. Warum setzt man überhaupt Kinder in die Welt, wenn man gleich wieder arbeiten geht? Furchtbar." Es ist nicht so, dass einen so eine vollkommen kalt lässt. Wer so eine Aussage hört, fühlt sich schlagartig als Rabenmutter, und natürlich kommen dann auch Zweifel auf.

© Der/die Autor(en), exklusiv lizenziert durch Springer
Fachmedien Wiesbaden GmbH, ein Teil von Springer Nature 2021
D. Schenk, *Der Anti-Stress-Trainer für Working Moms,* Anti-Stress-
Trainer, https://doi.org/10.1007/978-3-658-34514-3_7

Ich gehörte schon immer zur Kategorie der „Raben-mütter" – zumindest, wenn man die Meinung des anderen Lagers hört und meinen Verlauf ansieht. Beim ersten Kind war ich nicht einmal neun Monate zu Hause, bevor mir endgültig die Decke auf den Kopf fiel. Beim zweiten Kind hat sich meine Zeit zu Hause auf drei Monate beschränkt, bevor ich wieder Kundentermine annahm. Doch auf-gehört zu arbeiten hatte ich gar nicht. Als Selbstständige gibt es schließlich zig Dinge, die man auch mit dem Laptop von zu Hause machen kann. In der Schwanger-schaft Nummer zwei war ich bereits neben meiner Tätig-keit als Trainerin und Coach auch als Chefredakteurin für einen Fachverlag tätig und schrieb für eine Fachzeitschrift. Die letzten Artikel vor der Geburt lieferte ich fünf Tage vor dem Entbindungstermin. Die ersten nach der Geburt ganze zwei Tage nach Entlassung aus dem Krankenhaus. Natürlich ein absolutes No-Go für Franziska aus meinem Wohnort.

Übrigens finde ich es sehr interessant, dass sich dann beispielsweise bei Elternbeiratssitzungen und Freiwilligen-diensten für den Kindergartenkuchenverkauf beim Laternenfest kaum Mütter wie Franziska finden, sondern eher meinesgleichen, die neben einem Vollzeitjob auch noch Events wie das Sommerfest für den Kindergarten organisieren. Das Gemecker, dass man Dinge hätte besser machen können, bleibt natürlich trotzdem nicht aus. Aber das nur mal als kleine Randbemerkung.

Bin ich doch eine schlechte Mutter?

Fakt ist, dass mich die Sätze dieser Franziska ordentlich in meinem Alltag beeinflusst haben, weil ich natürlich die anklagenden Worte im Ohr habe, wenn ich wieder beruf-lich mehrere Nächte in irgendeinem Hotel Deutschlands verbringe, während mein zahnendes Kind zu Hause weint und sich von Papa trösten lässt. Natürlich frage ich mich hin und wieder, ob Franziska recht hat und ich vielleicht doch eine schlechte Mutter bin.

Geht es dir ähnlich? Trägst du vielleicht auch einen dieser Glaubenssätze in dir:

- Ich möchte nicht, dass andere über mich schlecht reden.
- Ich will gut dastehen.
- Ich bin keine gute Mutter.

Machen wir uns nichts vor: Egal was die anderen Mütter über uns sagen – wir können noch so versuchen, stark zu sein und darüber zu stehen: Im Inneren führt der Druck von außen zu Stress. Denn: Natürlich wollen wir keine Rabenmutter sein. Natürlich wollen wir das Beste für unsere Kinder – doch wollen wir einfach nicht um 14 Uhr am Sandkastenrand des Spielplatzes sitzen und mit anderen Müttern über vegane Ernährung bei Klein-kindern philosophieren. Wir wollen arbeiten, weil wir es lieben! Wir lieben unseren Job, sonst würden wir ihn nicht tun. Wenn wir den ganzen Tag zu Hause sind, fällt uns die Decke auf den Kopf. Und trotzdem lieben wir unsere Kinder, auch wenn wir nicht 24 Stunden täglich mit ihnen verbringen.

Lass dich nicht von anderen Müttern beeinflussen
Wichtig ist, dir immer wieder bewusst zu machen, dass du dein eigenes Leben lebst. Lass dich nicht von dem Gerede anderer beeinflussen. Du machst dein Ding. Du lebst dein Lebenskonzept, und das kann dir kein anderer streitig machen. Das wichtigste ist, dass Du und Deine Familie mit diesem Lebenskonzept gut zurechtkommen, ganz egal, was die anderen sagen.

Ich habe inzwischen aufgehört, die Kritik anderer Mütter an meinem Lebensentwurf überhaupt an mich heran zu lassen. Natürlich gibt es immer wieder Stimmen wie „Warum hast du überhaupt Kinder, wenn du so oft nicht da bist", doch diese prallen an mir ab. Meine Kinder sind glückliche Kinder, und sie wachsen auf mit einer Working Mom und einem Working Dad. Und trotzdem verbringen wir viel Zeit mit ihnen und sind immer für sie da, wenn sie uns brauchen. Der positive Nebeneffekt ist, dass sie sozialer sind als so manch anderes Kind, weil sie durch mehrere Betreuungspersonen gelernt haben, offen auf andere Menschen zuzugehen. Und sie sind selbstständiger als so manch anderes Kind. Und darauf bin ich sehr stolz. Wir als Familie sind glücklich mit unseren Rollen und wie wir sie leben, und das ist schließlich das einzig Wichtige.

Wenn dir die Sprüche und Kommentare anderer Mütter noch zu Herzen gehen, dann mach dir bewusst, wie es jedem einzelnen deiner Familienmitglieder geht. Sprich mit deinem Mann darüber. Beobachte deine Kinder. Hast du in irgendeiner Weise das Gefühl, dass sich jemand unwohl fühlt mit der Situation? Sind die Kinder wirklich unglücklich, wenn du nicht zu Hause bist oder genießen sie die Papa-Zeit? Könntest du dir vorstellen, gar nicht mehr oder weniger zu arbeiten, oder ist das für dich eine schlimme Vorstellung? Wenn du irgendetwas an deiner Situation nicht gut findest, solltest du das ändern. Wenn du zufrieden bist, wie alles ist, dann verdeutliche dir das noch einmal. Nutze ganz bewusst positive Affirmationen wie

- Mir geht es gut.
- Es ist gut so, wie es ist.
- Mir ist egal, was andere denken.
- Das ist mein Leben, und ich gestalte das so, wie ich es will.

Praxistipp für den Alltag: Tausche dich aus mit Gleichgesinnten

So hart es vielleicht klingen mag, aber ich habe meinen Freundes- und Bekanntenkreis ausgesiebt. Ich möchte mit den Menschen, die mir nicht guttun, einfach nichts zu tun haben. Ich muss mir von den Franziskas der Welt kein schlechtes Gewissen einreden lassen. Vor allem, weil ich darin selbst schon gut genug bin. Mein größtes Netzwerk besteht aus Müttern, die genauso denken wie ich.

Such auch du dir Gleichgesinnte und tausche dich mit ihnen aus. Mir hilft es sehr, mir den Rücken von den Müttern stärken zu lassen, die sich mit den gleichen Herausforderungen des Alltags wie ich herumschlagen. In diesen Runden gibt es keine Sticheleien, weil ich wieder mal tagelang unterwegs war und meine Kinder nur via FaceTime gesehen habe. Wir halten zusammen und klatschen uns in die Hände, wenn wir einen geschäftlichen Erfolg feiern können, und trösten uns gegenseitig, wenn uns einmal wieder alles zu viel wird – und das, ohne gleich an das schlechte Gewissen zu appellieren.

8

Stressfaktor #6: Der Effizienzdruck

Arbeitende Mütter müssen extrem effizient sein. Die Zeit ist begrenzt, da Job und Familie miteinander vereinbart werden müssen. Das ist bei den vielen Verpflichtungen nicht immer einfach. Viele beneiden mich um mein Organisationstalent. „Wie du das alles immer unter einen Hut bekommst, einfach toll." Doch ich habe keine Wahl. Wenn ich nach einer anstrengenden Arbeitswoche mit drei Tagen auf Reisen am Donnerstagnachmittag die Kinder von Kindergarten und Kernzeitbetreuung abhole, um gemeinsam Kuchen zu backen und dabei nebenher den Wäscheberg versuche zu bewältigen, mache ich nicht alles davon freiwillig. Die Wäsche macht sich schließlich nicht von selbst. Und wenn ich sie liegen lasse, rächt sich das zwei bis drei Tage später, wenn meine Jungs mal wieder zwei Outfits im Kindergarten am Tag benötigen, weil sie wieder sehr tief im Matsch gespielt haben.

Und auch das kann zu einer Belastung werden: Der Druck, immer effizient sein zu müssen, weil man es sonst nicht schafft. Man hat ein schlechtes Gewissen, wenn man sich auf die Couch legt, um einfach mal nichts zu tun. Vor Kurzem hatte ich mal wieder eine kurze Nacht, weil mein Jüngster nicht schlafen wollte. Nachdem ich ihn morgens in den Kindergarten brachte und der Große bereits in der Schule war, setzte ich mich auf die Couch. Ich wollte mich nur zehn Minuten ausruhen. Dabei schloss ich die Augen und schlief ein. Ganze zwei Stunden war ich weg. Als ich aufwachte, war ich nicht nur völlig perplex, sondern ärgerte mich vor allem, weil ich zwei Stunden meiner wertvollen Zeit verloren hatte und meine To-do-Liste nach wie vor unerledigt vor mir lag. Ich war regelrecht sauer, dass ich zwei Stunden „verplempert" hatte. Stattdessen hätte ich mich auch einfach freuen können, dass ich meinen Schlaf nachgeholt hatte und nun viel erholter ans Werk gehen konnte.

Nimm dir Zeit zum Durchatmen

„Ich habe keine Zeit", „Ich muss mich beeilen", „Ich darf nicht trödeln" oder „Ich muss alles geben". Wenn dir die eben geschilderte Situation bekannt vorkommt, dann erkennst du dich wahrscheinlich auch bei einem dieser limitierenden Glaubenssätze wieder. Achte bei all den vielen To-dos immer darauf, dass du dich nicht übernimmst. Du musst dich nicht jeden Tag als Superwoman beweisen. Nimm dir hin und wieder auch ein paar Minuten Zeit, um durchzuatmen. Wenn du jede Minute auf volle Power fährst, läufst du Gefahr, dass du irgendwann einmal umkippst und gar nicht mehr kannst. Vielleicht kennst du das Urlaubsphänomen: Sobald man zur Ruhe kommt und auf einmal auf die Bremse tritt, wird man krank. Damit es gar nicht erst so weit kommt, ist es wichtig, seine Kraftreserven einzuteilen. Wenn du dich mitten am Tag für ein paar Minuten hinlegst (sofern du nicht bei der Arbeit bist) und tatsächlich einschläfst, dann hat den Körper wohl den

Schlaf gebraucht. Wenn mir so etwas wieder passiert, weiß ich, dass ich am Ende mehr Energie habe, als wenn ich mich gezwungen hätte, wach zu bleiben.

Such dir auch hierfür deine passende positive Affirmation, wie zum Beispiel:

- Ich habe Zeit.
- Ich nehme mir Zeit.
- Eines nach dem anderen.
- Ich muss nicht fertig werden.
- Mein Körper hat immer recht.
- Ich darf Pausen machen.

Und ganz wichtig: Du darfst auch einfach mal Nichts tun! Erst kürzlich bin ich beim Aufräumen auf meine alten Fotoalben gestoßen und habe den restlichen Nachmittag damit verbracht, alle Alben durchzublättern und in Erinnerungen zu schwelgen. Es war null effektiv und null effizient, aber dafür einfach schön. Und auch das darf sein.

Effektivität ist wichtiger als Effizienz

Kennst du den Unterschied zwischen Effektivität und Effizienz? Effizienz bedeutet, die Dinge richtig zu tun. Effektivität bedeutet, die richtigen Dinge zu tun. Effizienz ist nicht immer das Entscheidende, denn es kommt nicht immer nur darauf an, To-dos abzuhaken und schnellstmöglich zu erledigen. Viel wichtiger ist es, die richtigen Dinge zu tun, die dich am Ende zu deinem Ziel bringen.

Hinterfrage bei deinen ganzen Aufgaben und Tätigkeiten immer wieder, ob das, was du tust, dich deinem Ziel näherbringt. Setze die richtigen Prioritäten. Mach dir klar, was wichtig und dringend ist und verliere dich nicht in blinden Aktionismus, immer etwas tun zu müssen.

Praxistipp Nr. 1 für den Alltag: So bekommst du das Terminchaos in den Griff

Berufstätige Eltern mit Kindern haben vor allem eines: ein ständiges Terminchaos. Wer arbeitet wann wie lange? Wer bringt die Kinder morgens zum Kindergarten/zur Schule? Wer ist zu Hause, wenn die Kinder nach Hause kommen? Wer holt sie ab? Wer fährt sie zum Sport? Wer muss wann zum Zahnarzt? Wer ist wann auf welcher Dienstreise und wie lange? Welche Oma oder welcher Babysitter springt ein?

Mein Tipp: Eine vorausschauende Planung ist unerlässlich, damit alle Termine stets im Blick bleiben. Setzt euch am besten als Familie jeden Sonntag zusammen und besprecht die Termine für die kommende Woche. Sind die Kinder noch zu klein, dann reicht es natürlich, wenn du dich mit deinem Partner besprichst.

Je mehr Kinder, desto unüberschaubarer wird es. Ich empfehle einen Familienkalender, in dem alle Termine der einzelnen Familienmitglieder ersichtlich und idealerweise farbig sortiert sind. So sieht man auch gleich eventuelle Terminüberschneidungen. Ich bin ein Fan des Digitalen und nutze selbst den Google Kalender. Mein Mann und ich haben diesen so eingestellt, dass wir gegenseitig unsere Termine sehen. Für die Kinder haben wir einen Familienkalender eingerichtet. Dort tragen wir sowohl die Termine der Kinder als auch unsere gemeinsamen Termine ein. Geburtstagsfeiern der Schwägerin findet man dort ebenso wie den Zahnarzttermin unseres Sohnes als auch die Info über die Naturtage im Kindergarten unseres Jüngsten. Ebenso vermerken wir im Kalender täglich, wer die Kinder morgens in den Kindergarten bzw. zur Schule bringt und wer sie abholt. Auch wenn eine Oma oder unsere Tagesmutter einspringt, wird das im Kalender vermerkt. Da die Kalender digital sind und synchronisiert werden, sind mein Mann und ich auch immer auf dem Laufenden. Trage ich einen neuen Termin ein, wird er sofort informiert bzw. sieht diesen Termin, wenn er ebenfalls in den Kalender schaut. Unsere Wochenbesprechungen sind trotzdem essenziell, da es uns auch schon einmal passiert ist, dass wir beide eine Dienstreise zur gleichen Zeit geplant hatten, aber nicht wahrgenommen hatten, dass der andere jeweils auch nicht da ist.

Praxistipp Nr. 2 für den Alltag: Schaffe dir ein gutes Netzwerk

Wenn beide Eltern berufstätig sind, ist man extrem darauf angewiesen, dass der Alltag reibungslos funktioniert. Unser Alltag ist extrem durchstrukturiert, wenn mein Mann und ich gleichzeitig arbeiten. Morgens stehen wir beide auf, machen die Kinder fertig. Bis zu einer gewissen Uhrzeit müssen beide im Kindergarten bzw. in der Kinderkrippe sein, damit wir beide unsere Termine schaffen. Doch jeder, der Kinder hat, weiß, dass spätestens dann das Chaos ausbricht, wenn ein Glied in der Kette krank ist: sei es ein Elternteil, ein Kind, oder – auch nicht besser – wenn die Hälfte des Kindergartens in der jährlichen Erkältungszeit schnupft und hustet und es nur eine Frage der Zeit ist, bis die eigene Familie angesteckt ist. In solchen Situationen ist es extrem wichtig, dass man noch zusätzliche Hilfe von außen hat.

Mein Tipp: Schaffe dir ein gutes Netzwerk. Einige Eltern mit Kind befinden sich in der glücklichen Lage, dass die Großeltern im Ort wohnen und oft spontan die Betreuung der Kinder übernehmen können. Doch nicht jeder hat das Glück, die Familie um sich zu haben. Die Regel ist heute eher, dass man auf Grund des Jobs weit weg von den Eltern wohnt und somit dahingehend alleine auf sich gestellt ist. Doch auch da gibt es Lösungen: andere Eltern in ähnlichen Situationen. Knüpfe Kontakte mit den Eltern der Freunde deiner Kinder. Wir haben inzwischen so ein großes Netzwerk geschaffen, dass die anderen Eltern teilweise nicht nur gute Freunde geworden sind, sondern auch in der Not einspringen, wenn wir einen Terminengpass haben oder die Krankheitswelle ausgebrochen ist. Wichtig ist natürlich, dass das auch auf Gegenseitigkeit beruht. Natürlich haben wir auch hin und wieder ein Kind mehr zum Abendessen, wenn dessen Eltern nicht pünktlich zur Kindergartenschließung zu Hause sind. Aber das machen wir selbstverständlich auch gerne, und manchmal läuft es mit einem Kind mehr auch noch harmonischer ab als nur mit unseren zwei Jungs.

9

Stressfaktor #7: Hohe Ansprüche

Ein weiterer Stressfaktor bei arbeitenden Müttern ist gerne auch ihr hoher Anspruch an sich selbst. Vor einiger Zeit durfte ich eine Working Mom, Melanie, in einem Coaching begleiten. Sie kam zu mir in einem Zustand, den ich als sehr kritisch bezeichnen würde. Sie stand kurz vor einem Burnout. Sie arbeitet „Teilzeit" in einem Unternehmen im Nachbarort. Den Begriff Teilzeit setze ich hier in Anführungszeichen, weil ich eine 70 %-Stelle mit regelmäßig sechs bis zehn Überstunden pro Woche eher als Vollzeitjob bezeichnen würde. Daneben hat Melanie zwei Kinder, die jüngere Tochter ging zu dem Zeitpunkt noch in den Kindergarten, der Sohn in die erste Klasse der Grundschule. Ihr Mann arbeitet ebenfalls Vollzeit und hat dazu noch einen Job, der ihn gelegentlich für mehrere Tage am Stück ins Ausland schickt. An solchen Tagen ist sie mit ihrem Job und den Kindern alleine. Kürzlich sind sie in ihr neu gebautes Haus gezogen, die Kreditraten

D. Schenk, *Der Anti-Stress-Trainer für Working Moms,* Anti-Stress-Trainer, https://doi.org/10.1007/978-3-658-34514-3_9

laufen, daher kann sie jobtechnisch nicht kürzertreten, weil es sonst finanziell eng wird.

Soweit so gut – oder auch nicht. Denn ihr größter Stressfaktor war nicht die Arbeit an sich, sondern der Anspruch an sich selbst. Denn im Laufe unserer Zusammenarbeit stellte sich heraus, dass dieser extrem hoch war. Sie will eine gute Mutter sein (wer will das nicht?) und immer das Beste für ihre Kinder tun. In ihrem Fall bedeutete das Folgendes: Morgens bringt sie ihre Kinder zu Fuß oder mit dem Fahrrad in die Schule bzw. in den Kindergarten. Die Kinder sollen schließlich an die frische Luft kommen und nicht durch das Mama-Taxi verwöhnt werden, auch wenn das für die Mutter bedeutet, dass sie jeden Tag noch eher unterwegs ist, weil sie es sonst nicht pünktlich zu ihrer Arbeit schafft (ihr Mann geht bereits eher aus dem Haus, da er einen längeren Arbeitsweg vor sich hat). Vorher kümmert sie sich noch um die Pausenbrote, die ausschließlich aus selbst gebackenem Brot bestanden (denn da weiß man schließlich, was drin ist) und liebevoll geschnittenem und dekoriertem Obst und Gemüse als Beiwerk (so wie man das auf Instagram immer bei anderen Müttern sieht). Das wiederum bedeutet, dass sie jeden dritten Abend in der Küche steht und frisches Brot backt. Am Nachmittag holt sie ihre Kinder aus Schulhort und Kindergarten ab – selbstverständlich zu Fuß, was bedeutet, dass sie erst nach Hause fahren muss und dann wieder ein Stück der Wegstrecke zurückläuft. Abends kocht sie für ihre Kinder regelmäßig, da die Verpflegung untertags ihrer Meinung nach nicht ausgewogen genug ist. Am Wochenende plant sie regelmäßig unglaublich kreative Aktionen mit ihren Kindern, wie zum Beispiel Kuchen backen, basteln oder kneten (natürlich mit selbst gemachter Knete). Sie möchte alles bestmöglich tun, schließlich machen „die anderen" es ja auch so und sie will nicht, dass es ihren Kindern an irgendetwas mangelt.

Welches Kind bekommt die schönere Geburtstagstorte?

Wenn ich andere Mütter mit Kindern beobachte oder auch hin und wieder in Foren unterwegs bin, in denen sich Mütter austauschen, habe ich selbst auch relativ schnell ein schlechtes Gewissen. Kürzlich wurde sich wieder ausgetauscht darüber, was denn mit dem Kind am Wochenende unternommen werden kann. Die Vorschläge reichten von einem Besuch auf dem Abenteuerspielplatz über das gemeinsame Tontöpfern bis hin zu einer Abenteuerwanderung. Noch schlimmer wird es, wenn man die Kindergeburtstage betrachtet. Ich erinnere mich noch teilweise an meine Kindergeburtstage. Sie bestanden im Wesentlichen aus dem Essen von Schokoküssen und Topfschlagen. Heute übertreffen sich die Mütter gegenseitig mit weit im Voraus geplanten Mottopartys von Paw Patrol, Feuerwehrmann Sam oder Prinzessin Elsa. Ich komme schon gar nicht mehr hinterher, mich mit den Themen auseinanderzusetzen. Kaum habe ich danach gegoogelt, gibt es schon wieder neue Trends im Kinder-zimmer. Ich finde es erstaunlich, wie früh den Kindern schon aufoktroyiert wird, dass es um höher, schneller, besser und weiter geht. Stinknormale Kindergeburtstage mit einem Marmorkuchen und Kerzen darauf sind schon bei Vierjährigen völlig uncool. Wenn es dann für die Gäste nicht einmal anständig gefüllte Give-away-Tüten gibt, kann die Party noch so gut sein, die Kinder gehen ent-täuscht nach Hause. Oder stecken dahinter etwa nur die Mütter?

Woher kommen diese hohen Ansprüche?

Wir leben heute in einer Welt, in der es immer darum geht, höher, schneller und weiter zu kommen. Das wirkt sich auch auf den eigenen Anspruch aus. Der Großteil unseres Lebens spielt sich inzwischen öffentlich auf Social Media ab. Wir bekommen auf Facebook, Instagram, Pinterest & Co. Idealbilder vorgelebt, die wir in der Reali-tät niemals erfüllen können. Wenn ich nach Ideen für einen Geburtstagskuchen suche, dann erhalte ich Fotos mit dreistöckigen Regenbogentorten mit täuschend echt modellierten Fondantfeuerwehrautos. Wenn ich nach Basteltipps für Weihnachten suche, finde ich aufwendig gestaltete Fensterbilder aus Motiven, die natürlich frei Hand gezeichnet sind und für die ein Grafikstudio wohl empfehlenswert wäre. Die Kinder auf den Instagram-Bildern sind stets perfekt gekleidet in farblich perfekt zusammenpassenden Outfits, gestriegelt und gebügelt mit filigranen Schühchen, die theoretisch nach einem Sand-kastenbesuch dahin wären. Auf Familienbildern (natür-lich unter freiem Himmel mit Sonnenstrahlen) finde ich in der Regel harmonische Zusammenstellungen von Vater, Mutter und zwei Kindern, deren Kleidung auch noch farblich abgestimmt ist. Alle lächeln, haben Spaß, ohne Konflikte, ohne negative Emotionen. Wenn Kinderzimmer fotografiert werden, denke ich, dass hier eine Ecke eines Möbelhauses abgebildet ist. Auch hier alles perfekt: vom gemachten Bett über die aufgeräumte Spielkiste und das Bücherregal, in der die Kinderliteratur nach Größe und Farbe geordnet ist. Dass der Fußboden frei von jeglichem Spielzeug ist, versteht sich von selbst. Egal was ich suche oder finde, es bildet eine perfekte Welt ab.

Das, was wir sehen, ist nicht die Realität

Doch das, was wir in den sozialen Medien geboten bekommen, ist nur ein Teil der Realität. Die Bilder sind gestellt, beschönigt, gefiltert, retuschiert, gephotoshoppt. Sie bilden niemals das ab, was wirklich hinter der Kamera passiert. Und obwohl wir das wissen, nehmen wir diese Postings als Maßstab für unser eigenes Leben. Wir wollen aus dem Pausenbrot auch ein Gesicht dekorieren, weil wir das so toll finden. Wir wollen als Geburtstagstorte für den Fünfjährigen auch einen Schaufelbagger modellieren. Wir wollen das Kinderzimmer der Tochter auch im Prinzessinnenlook dekorieren und dreifarbig abgestimmte Wimpel in zarten Pastelltönen an die Wand hängen. Das Problem ist, dass das in der Praxis selten so einfach umzusetzen ist wie auf diesem einen Instagram-Bild. Und so geraten wir in Stress, weil wir diese Welt auch herstellen wollen … ähnlich wie wohl viele Frauen immer noch den perfekten Frauenkörpern in der Werbung hinterherjagen.

Neben dieser Social-Media-Welt gibt es auch noch unzählige Ratgeber, die uns ebenfalls beeinflussen. Wenn wir die Buchhandlung betreten, finden wir auf zehn Metern alles, was wir wissen müssen, damit unsere Kinder perfekt aufwachsen und wir erfolgreich im Job sind. Ratgeber, die jede Sekunde des Lebens einer Working Mom optimieren können. Wir können lesen, wie wir uns in der Schwangerschaft gesund ernähren, wie wir unser Neugeborenes windelfrei erziehen können, wie wir den perfekten Babybrei kochen (natürlich aus Biogemüse), wie wir die perfekte Hausfrau oder wie wir erfolgreich im Job werden.

Du musst deinen Kindern nicht ständig etwas Besonderes bieten

Es ist nicht einfach, aber ich finde es wichtig, sich aus diesem Kreislauf herauszunehmen. Fühle dich nicht unter Druck gesetzt und schaffe deine eigene Realität. Höre vor allem auf, dich mit dem zu vergleichen, was du in den sozialen Medien siehst. Ignoriere die vielen Ratgeber oder (noch schlimmer) die vielen Menschen, die es besser wissen und dir ungefragt Ratschläge geben, und konzentriere dich auf dein Leben.

Wenn du als berufstätige Mutter vielleicht auch wie ich normalerweise viel unterwegs bist oder zumindest viel arbeitest, hat man schnell mal ein schlechtes Gewissen, weil man nicht so viel für die Kinder da ist wie vielleicht andere Mütter. Schnell setzt man sich dann unter Druck, die wenige Zeit mit den Kindern mit unglaublich tollen und kreativen Aktivitäten zu füllen. Doch sei dir bewusst, dass das für die Kinder gar nicht zählt. Für die Kinder ist es das Wichtigste, dass du ihnen Zeit schenkst. Es ist ihnen egal, was du tust. Natürlich kann man Kinder verwöhnen und die Ansprüche ins Unermessliche treiben. Doch in der Regel kann man (vor allem kleine) Kinder mit ganz einfachen Dingen glücklich stellen: Das können gemeinsame Aktionen sein, wie zum Beispiel Kuchen backen oder im Wald spazieren und Tannenzapfen sammeln gehen. Sei da für sie, wenn du zu Hause bist und schenke ihnen deine Aufmerksamkeit, das ist das wichtigste. Ob die Geburtstagstorte nun dreistöckig ist oder einfach nur ganz viele Smarties auf der Schokoglasur hat ist unterm Strich unerheblich.

Praxistipp für den Alltag: Plane Quality Time mit deinen Kindern

Das Beste, das du deinen Kindern schenken kannst, ist Zeit. Wenn du berufstätig bist, bleibt neben dem Haushalt und dem Alltag nicht immer viel Zeit übrig. Ich kenne das selbst. Auch wenn ich nicht beruflich über Nacht weg bin, rennt die Woche mit den vielen täglichen Verpflichtungen oft schneller an mir vorbei, als mir lieb ist. Ich versuche die Zeit ganz bewusst anzuhalten. Ich plane ganz explizit „Quality Time" mit meinen Kindern ein. Ich reserviere regelmäßig eine Zeit, in der ich mich ausschließlich meinen Söhnen widme und alles andere hintenanstelle – auch den Haushalt und alles, was damit zusammenhängt. Damit beide Söhne altersgerecht auf ihre Kosten kommen, verbringe ich auch hin und wieder einzeln mit ihnen Zeit. Dazu hole ich einen von beiden mal eher aus dem Kindergarten ab und schenke ihm einen Mama-Sohn-Nachmittag. Das erspart mir übrigens auch Stress, denn nicht immer sind beide zusammen ein Herz und eine Seele. So spiele ich mit meinem großen Sohn einen Großeinsatz in der Lego-Feuerwehrzentrale oder übe mit ihm Fahrrad fahren, während ich mit meinem jüngsten Sohn in der „Exklusivzeit" einen Kuchen backe oder den höchsten Lego-Duplo-Turm baue. Natürlich gibt es auch viele Nachmittage, an denen wir gemeinsam ein Eis essen gehen, zum Spielplatz laufen oder zu Hause etwas gemeinsam spielen. Es sind die kleinen Dinge, die meine Kinder glücklich machen, dazu braucht man nicht jedes Mal etwas Besonderes bieten, wie z. B. in einen Freizeitpark zu fahren.

10

Stressfaktor #8: Das Autonomiemotiv

Lies dir einmal folgende Glaubenssätze durch:

- Ich muss stark sein.
- Am liebsten mache ich alles selbst.
- Ohne mich geht es nicht.
- Ich schaff' das schon.
- Ich mache das lieber alleine.
- Starke Menschen brauchen keine Hilfe.
- Wenn ich mich auf andere verlasse, bin ich verlassen.
- Es ist schrecklich, auf andere angewiesen zu sein.

Kommen dir diese Sätze bekannt vor? Oder spricht dich eine dieser Aussagen besonders an? Wenn ja, dann gehörst du offensichtlich zu den Menschen, die nach dem Autonomiemotiv leben. Diese Menschen tun sich schwer, Hilfe anzunehmen oder Dinge abzugeben und geraten so unter Stress, weil viele Aufgaben bei ihnen lasten.

© Der/die Autor(en), exklusiv lizenziert durch Springer
Fachmedien Wiesbaden GmbH, ein Teil von Springer Nature 2021
D. Schenk, *Der Anti-Stress-Trainer für Working Moms,* Anti-Stress-
Trainer, https://doi.org/10.1007/978-3-658-34514-3_10

Stehaufmännchen, die alles hinbekommen

Als ich noch angestellt war, hatte ich eine Kollegin, die nach diesen Antreibern lebte. Andrea. Ihr Schreibtisch war immer voll. Sie war meist die erste, die neue umfangreiche Projekte auf den Tisch bekam, weil sie bekannt dafür war, dass sie sich nicht vor neuen Herausforderungen fürchtete. Andrea war hoch angesehen bei Kollegen und Vorgesetzten. Sie gab stets vollen Einsatz, beschwerte sich nie über zu viel Arbeit und meisterte jede Herausforderung. Auch wenn Projekte scheiterten und sie großen Ärger mit Kunden hatte und enttäuschte Vorgesetzte besänftigen musste, ging sie hinterher nur stärker aus der Krise hervor. Sie war für mich eine Art Stehaufmännchen. Eigentlich beneidenswert, denn vor allem auf ihre Karriere konnte sie sehr stolz sein.

Dann wurde Andrea schwanger und bekam ein Kind. Wirklich vorgesehen hatte sie Kinder nie in ihrer Lebensplanung, doch sie freute sich sehr auf den Nachwuchs. Nach einer kurzen Babypause kehrte sie auch wieder an ihren alten Arbeitsplatz zurück, sehnsüchtig erwartet von den Vorgesetzten. Da ihr Mann ebenfalls berufstätig und oft im Ausland unterwegs war, wurde ihr Kind in der firmeneigenen Ganztages-Kita betreut. Damit sie die Bring- und Abholzeiten abdecken konnte, arbeitete sie 70 % und musste fortan immer pünktlich um 16 Uhr das Büro verlassen. An sich klingt das noch nicht besonders, wenn Andrea nicht den exakt gleichen Job wie vor der Geburt gemacht hätte. Obwohl sie nur noch Teilzeit arbeitete, hatte sie all ihre Aufgaben noch auf dem Tisch, die sie mit 100 % schon kaum schaffte. Der Grund dafür war in ihrem Fall aber nicht ein Chef, der wie vielleicht andere Chefs gerne mal vergisst, dass eine Mutter nicht mehr 100 % der Zeit zur Verfügung hat, selbst wenn sie jeden Tag im Büro anwesend ist. Nein, der Grund war sie selbst, denn sie lehnte es ab, Aufgaben abzugeben, obwohl ihre Vorgesetzten das anboten.

Ich war zu dieser Zeit noch als Teamassistentin beschäftigt und ich fragte sie immer wieder, ob ich ihr Arbeit abnehmen konnte (das war ja schließlich mein Job). Doch Andrea verneinte immer. Und an den Tagen, an denen ihr Mann die Tochter von der Kita abholte, blieb sie oft bis spätabends im Büro und arbeitete die Dinge ab, die sie nicht geschafft hatte. Sie nahm sich kaum Zeit zu essen, sah in meinen Augen erschreckend dürr aus und hetzte immer von zu Hause ins Büro und vom Büro nach Hause. Wirklich entspannt war sie nie.

Was zu viel ist, ist zu viel

Für eine Working Mom kann der innere Antreiber „Ich muss stark sein" sowie all seine Facetten zu einer sehr großen Belastung führen. Menschen, die diesen Antreiber in sich tragen, werden nie fertig, weil sie sich meist viel mehr aufbürden, als sie je schaffen können. Sie würden es sich aber nie eingestehen, dass es zu viel ist. Überhaupt fällt es ihnen schwer, Hilfe anzunehmen oder erst Hilfe zu erbitten. Für diese Menschen ist Hilfe ein Zeichen von Schwäche. Das Ergebnis dieser Einstellung: Es wird irgendwann zu viel. Und das Schlimme ist, keiner erkennt es, weil diese Menschen niemals den Finger heben. Im Gegenteil, sie bekommen meist nur noch mehr aufgeladen, weil man ja weiß, dass sie es schaffen.

Kleiner Exkurs in die Kindererziehung

In meinen Trainings und Coachings habe ich beobachtet, dass dieser Stressverstärker sehr häufig bei Männern vorkommt. Woran liegt das?

Schauen wir uns einmal an, welche Unterschiede zwischen Jungs und Mädchen in der Kindererziehung oft gemacht wurden (oder sogar noch werden):

Stell dir einmal folgende Situation vor. Du befindest dich auf dem Spielplatz und beobachtest zwei Mütter mit ihren Kindern. Die beiden Kinder sind unterschiedlichen Geschlechts, also ein Junge und ein Mädchen. Beide Kinder klettern auf ein kleines Klettergerüst hoch, rutschen ab und fallen runter auf den weichen Sandboden. Keines der beiden Kinder verletzt sich, beide fangen vor allem aus Schreck an zu weinen. Wie reagieren die beiden Mütter?

Das was ich heute immer noch beobachte ist Folgendes: Die Mutter des Mädchens rennt zu ihrer Tochter, nimmt sie in den Arm und tröstet sie. Die Mutter des Jungen klopft ihrem Sohn lediglich den Sand von den Knien ab, sagt „Ach komm, das war doch nicht so schlimm, ist nichts passiert" und „hör auf zu weinen – ein Indianer kennt doch keinen Schmerz."

Natürlich ist das etwas überspitzt und vor allem klischeehaft dargestellt, und sicher gibt es heute viele Mütter, die anders reagieren. Fakt ist aber, dass genau solche Sätze den Jungen mit dem Autonomiemotiv prägen. Denn er lernt gleich, dass es eine Schwäche ist, zu weinen. Genauso wie er sich beim nächsten Mal sagt: „Ich bin groß, ich bin ein Indianer, ich schaffe das schon." Natürlich wird ihn das zu einer Stärke erziehen, die ihm in seinem Leben weiterhelfen wird. Er wird lernen, dass er nach einem Misserfolg wieder aufstehen und weitermachen kann. Er könnte aber auch mitnehmen, dass Gefühle zeigen eine Schwäche ist.

Warum ich das hier einbringe? Weil ich auch Mutter von zwei Söhnen bin und mich immer wieder selbst daran erinnern muss, dass auch meine Jungs schwach sein dürfen. Denn tatsächlich vergesse ich das auch hin und wieder.

Du musst nicht alles alleine machen

Wenn du dich in diesen Erzählungen wiederfindest, dann reflektiere einmal, wie dein Alltag aussieht. Gerade seit Beginn der Pandemie hat dieser sich ja in vielen Bereichen grundlegend geändert. Welche Aufgaben liegen bei dir auf dem Tisch im Büro, die du vielleicht delegieren könntest? Wie sieht es mit den To-dos im Haushalt aus? Vor allem hier ist seit der Pandemie einiges hinzugekommen. Es muss mehr gekocht werden, weil fast die ganze Familie nun Mittags da ist. Ergo muss auch mehr eingekauft werden. Und wenn nahezu alle Familienmitglieder den größten Teil zu Hause in Homeoffice verbringen, entsteht auch mehr Chaos. Und da gibt es eine Menge aufzuräumen und zu putzen. Liegt das alles bei dir, weil du die Dinge ungern aus der Hand gibst? Holst du dir ungern Hilfe, weil du denkst, dass man dich dann als Versager ansieht?

Mach dir bewusst, dass du deinen Stress nur verringern kannst, wenn du verstehst, dass nicht alles an dir hängen muss. Gerade jetzt ist es umso wichtiger, Aufgaben zu delegieren! Du hast Menschen um dich herum, die dir sehr gut helfen können, dir einige To dos abzunehmen. Binde deinen Partner in die Hausarbeit mit ein. Delegiere auch einfache Haushaltsaufgaben an die Kinder. Auch sie können dich unterstützen, sie leben schließlich auch unterm selben Dach. Erstelle klare Regeln und Vereinbarungen, wer für was verantwortlich ist. Du wirst sehen, dass du dich am Ende besser fühlen wirst, wenn du erkennst, dass du keine Einzelkämpferin bist. Suche dir einen passenden Erlaubersatz, der dich dabei unterstützt, wie zum Beispiel:

- Ich muss nicht alles alleine machen.
- Ich darf um Hilfe bitten.
- Ich darf es mir eingestehen, wenn ich Hilfe brauche.
- Ich darf Hilfe annehmen.
- Ich muss nicht stark sein.
- Ich darf auch mal Schwäche zeigen.
- Schwächen sind menschlich.

Praxistipp für den Alltag: Denke über Outsourcing nach

Was sich jetzt sehr nach Optimierung im Businessumfeld anhört, gilt auch für den Privathaushalt: Als Working Mom ist deine Zeit kostbar. Denke doch einmal darüber nach, ob du einen Teil der Hausarbeit abgeben, delegieren oder outsourcen kannst. Im Gegensatz dazu kannst du deine Zeit dann sinnvoller nutzen.

Mein Tipp: Vielleicht findest du eine kompetente Putzfrau, die dir zumindest einmal pro Woche den Großputz abnimmt. Falls du jetzt das Rechnen anfängst, überlege einmal, was du in der Zeit alles tun könntest: Du hättest mehr Zeit für deine Kinder, mehr Zeit für deinen Job (wenn du selbstständig bist, freust du sich sicher auch, wenn du die Zeit, in der deine Kinder im Kindergarten/in der Schule sind, für deine Arbeit nutzen kannst) oder noch besser: mehr Zeit für dich! Möglicherweise findest du auch eine Bügelfee, die Freude daran hat, den Stapel Blusen und Hemden für dich glattzuzaubern. Vielleicht kennst du auch jemanden, der dir die grobe Gartenarbeit, wie zum Beispiel Rasen mähen oder Hecke schneiden, abnehmen kann. Alles, was du nicht selbst tun musst, hilft dir wiederum, dich auf die andere, dir wichtigere Dinge zu konzentrieren.

11

Stressfaktor #9: Das klassische Rollenbild

Vor einiger Zeit traf ich Patrizia, eine etwas entfernte Bekannte. Sie hat zwei Kinder im Alter von drei und fünf Jahren. Ihr Mann ist Zahnarzt im Nachbarort. Sie selbst war vor der Babypause Abteilungsleiterin in einem mittelständischen Unternehmen. Sie meinte zu mir, dass sie mich so sehr beneidete um meine Familie. Ich war etwas stutzig, da ich nicht sofort verstand, was sie meinte. Die beiden hatten kürzlich ein Haus gebaut, was sie nun bezogen hatten. Typischer Kleinstadtcharme: 120 Quadratmeter Wohnfläche, für jedes Kind ein eigenes Zimmer, eine traumhafte Einbauküche und ein wunderschöner Garten mit zwei Schaukeln.

Doch Patrizia war unglücklich, weil sie ihr komplettes altes Leben aufgegeben hätte. Seit ihre Kinder da waren, hatte sie keine Möglichkeit mehr, ihr Ding zu machen. Ihr Tagesablauf sieht in etwa so aus: morgens steht sie etwa

© Der/die Autor(en), exklusiv lizenziert durch Springer Fachmedien Wiesbaden GmbH, ein Teil von Springer Nature 2021
D. Schenk, *Der Anti-Stress-Trainer für Working Moms,* Anti-Stress-Trainer, https://doi.org/10.1007/978-3-658-34514-3_11

eine Stunde vor den Kindern auf, um sich schon einmal zu duschen und fertig zu machen und das Frühstück vorzubereiten. Anschließend weckt sie ihre beiden Töchter, zieht sie an und frühstückt mit ihnen. Schließlich bringt sie beide Kinder in den Kindergarten. Gegen 12 Uhr holt sie die jüngere Tochter ab und kocht das Mittagessen. Um 12:45 Uhr steht das Essen auf dem Tisch, denn ihr Mann verbringt jede Mittagspause zu Hause und hat schließlich nicht viel Zeit. Anschließend räumt sie auf und kümmert sich um die Hausarbeit, bis sie um 14:30 Uhr die ältere Tochter vom Kindergarten abholt. Am Nachmittag kümmert sie sich um die Kinder, geht mit ihnen auf den Spielplatz und erledigt den Einkauf oder sonstige Termine, die eben so anfallen. Gegen 17:30 Uhr ist sie wieder zu Hause, läutet langsam den Abend ein und kümmert sich natürlich wieder um das Abendessen. Daneben wird noch die Wäsche gemacht und eine halbe Stunde gebügelt, bevor schließlich um 18:30 Uhr pünktlich Abendbrot gegessen wird, wenn dann auch ihr Mann aus der Praxis kommt. Er verzieht sich direkt nach dem Abendessen auf die Couch, schließlich hat er ja einen anstrengenden Arbeitstag. Währenddessen räumt sie die Küche auf, macht die Kinder bettfertig und liest ihnen noch eine Gute-Nacht-Geschichte vor.

Wenn du dich nun fragst, wo in der ganzen Geschichte ihr Mann auftaucht, dann wunderst du dich sicherlich genauso wie ich. Sie leben das klassische Rollenbild, was ich noch von meinen Großeltern kenne: Der Mann geht arbeiten, die Frau kümmert sich um die Kinder und den Haushalt. Erstaunlicherweise befinden wir uns nicht mehr in den 60er-Jahren, sondern ganz aktuell in der Neuzeit in einer mittelgroßen Stadt in Bayern. In einer Zeit, in der doch alle Frauen so emanzipiert seien.

Das vermeintlich veraltete Rollenbild
Seit ich Patrizia wieder getroffen habe, merke ich, dass die Emanzipation längst nicht bei allen Frauen angekommen ist, und dass das (für mich vermeintlich) veraltete Rollenbild immer noch in vielen Familien vor- herrscht. Spätestens seit der Pandemie hat sich das einmal

mehr bestätigt, dass Patrizia kein Einzelfall ist. Denn wer hat sich während den Lockdowns parallel zur Arbeit im Homeoffice noch um Homeschooling, Homecooking und Homekindergarten gekümmert? Tatsächlich überwiegend Frauen! Die Presse schrieb in diesen Zeiten sogar von der „Retraditionalisierung".

Doch woran liegt das? Liegt es daran, dass Frauen wie Patrizia einfach nur einen „Macho" gewählt haben? Dabei kenne ich Patricias Mann und glaube nicht, dass es daran liegt. Denn so „machohaft" wirkt er nicht.

Ich denke, bei Patrizia spielt etwas anderes eine Rolle: Es ist das Rollenbild, welches sie im Kopf hat. Vermutlich hat sie das aus ihrer Erziehung und Erfahrung als Kind in ihre Mutterschaft übernommen. Sie wird sich niemals abends verabreden zu einer Zeit, in der die Kinder noch wach sind. Denn für sie ist es völlig selbstverständlich, dass sie für die Kinder verantwortlich ist und das Haus erst verlassen kann, wenn selbige schlafen. Sie übernimmt also scheinbar gerne diese Rolle der Hausfrau und Mutter, fühlt sich jedoch gleichzeitig gefangen. Denn im gleichen Atemzug beichtet sie mir, dass sie unglaublich neidisch ist, dass ich einfach das tue, was ich liebe. Und dass ich einen Mann habe, der mich da so gut unterstützt und ich mir nichts daraus mache, dass ich teilweise tagelang nicht zu Hause bin.

Was trägst du für Glaubenssätze bzgl. Rollenbild in dir? Wie hast du das bei deinen Eltern erlebt? Welche der folgenden Überzeugungen kommen dir bekannt vor:

- Eine gute Frau schafft das.
- Eine gute Mutter macht das.
- Du kannst doch deine Kinder nicht alleine lassen.
- Du kannst doch deine Kinder nicht fremdbetreuen lassen – du bist doch die Mutter.
- Die Kinder brauchen ihre Mutti.
- Wir haben das früher ganz anders gemacht.

Welches Rollenbild möchtest du leben?

Grundsätzlich ist es kein Problem, wenn du diese Glaubenssätze befürwortest oder in dir trägst, wenn du damit glücklich bist. Ich kenne viele Mütter, die völlig selbstverständlich zu 100 % für ihre Kinder da sind und es sich gar nicht vorstellen könnten zu arbeiten. Viele davon sind absolut glücklich in ihrer Rolle. Und das ist auch in Ordnung so. In meinen Coachings beobachte ich allerdings oft, dass Kinder das Rollenbild ihrer Eltern unbewusst weiterleben, wenn sie selbst Kinder bekommen. Selbst dann, wenn sie es eigentlich ablehnen.

Die Frage ist: Wie geht es dir damit? Bist du glücklich mit dieser Rolle? Ist das für dich in Ordnung, dass du diejenige bist, die sich maßgeblich um Haushalt und Kinder kümmert? Oder gibt es Menschen, die genau das von dir erwarten? Wenn das nicht deine Überzeugung ist, solltest du etwas dagegen tun. Hinterfrage doch zuerst einmal, woher das kommt: Wie bist du aufgewachsen? Was für eine Rolle hatte deine Mutter, als du noch ein Kind warst? War sie ausschließlich Hausfrau und Mutter oder hat sie gearbeitet? Was für eine Rolle hatte dein Vater, als du ein Kind warst? War seine Aufgabe, zu arbeiten und das Geld nach Hause zu bringen, um die Familie zu ernähren, oder hat er sich ebenso oft um dich gekümmert wie deine Mutter um dich? Ich erlebe oft, dass das Rollenverständnis, was Kinder von den Eltern mitgegeben bekommen haben, von den Kindern selbst gelebt wird, wenn sie größer sind und eigene Kinder haben. Einfach weil sie es nicht anders kennen. Es ist vielleicht der familiäre Druck. Oder natürlich auch der gesellschaftliche Druck, der trotz aller Emanzipation auf den Müttern lastet.

Kleiner Exkurs in die Geschichte

Ich bin in der ehemaligen DDR geboren. Ich wurde sehr von der dortigen Mentalität geprägt, obwohl ich im westlichen Teil Deutschlands aufgewachsen bin. Hast du gewusst, dass es zu DDR-Zeiten völlig normal war, dass die Frauen recht schnell wieder arbeiten gingen, während die Kinder von klein auf fremdbetreut wurden? Meine Oma mütterlicherseits hat das genauso erlebt. Nach der Geburt meiner Mutter war sie nur wenige Wochen zu Hause. Meine Mutter wurde bereits als Säugling in die Ganztageskinderkrippe gegeben, sodass meine Oma wieder arbeiten konnte. Wenn ich meine Oma heute frage, wie sie das damals empfand, antwortet sie mir: „Das war eben so." Damals gab es noch keine finanzielle Unterstützung für Mütter (wie heute das Elterngeld). Natürlich wurde die frühe Fremdbetreuung vom Staat auch genutzt, um die Kinder im Sinne des Staates von Anfang an zu beeinflussen. Doch der Hauptgrund war vor allem, dass die gesellschaftliche Erwartung an die Frauen so hoch war, wieder arbeiten zu gehen, dass es kaum Frauen gab, die sich diesem Druck entzogen und einfach nur zu Hause bei den Kindern blieben. Im Nachhinein hatte sich auch selten eine Frau beschwert, und wenn ich in meiner Verwandtschaft die Mütter frage, waren sie sehr zufrieden mit der Kinderbetreuung und froh über die Möglichkeit, arbeiten zu gehen.

Finde deine Rolle als Frau

Wichtig ist, dass du für dich herausfindest, welches Rollenmodell du leben möchtest. Wenn du merkst, dass du eben nicht nur die Hausfrau und Mutter sein möchtest, dann solltest du diese Bedürfnisse sehr ernst nehmen und auch leben.

Ich selbst dachte beim ersten Kind, dass ich glücklich sein könnte, wenn ich mich ausschließlich auf die Kindererziehung fokussiere. Ich hatte geplant, zwei Jahre komplett zu Hause zu bleiben, schließlich könnte mir nach elf Jahren Berufstätigkeit eine Pause ganz guttun. Die ersten Monate waren auch völlig in Ordnung. Diese Zeit fühlte sich zunächst ein wenig wie Urlaub an, so ganz ohne geschäftliche Verpflichtungen. Doch nach einem halben Jahr merkte ich, dass das einfach nichts für mich ist. Ich liebte mein Kind, aber ich war einfach nicht erfüllt, tagtäglich nur Windeln zu wechseln und Babybrei zu kochen. Ich habe dann versucht, die Situation so schnell wie möglich zu ändern und bin in die Selbstständigkeit gegangen, worüber ich sehr glücklich bin. Mein Mann hat mich in dieser Zeit extrem bestärkt, denn er hat gemerkt, dass ich mich in dieser Rolle als ausschließliche Mutter nicht wohl fühle.

Praxistipp für den Alltag: Betrachte dich und deinen Partner als Team

Kinder zu erziehen (vor allem, wenn es gleich mehrere sind), den Haushalt zu führen und gleichzeitig zu arbeiten ist eine tägliche Mammutaufgabe, die alleine kaum machbar ist.

Mein Tipp: Solltest du dich in der glücklichen Lage befinden, nicht alleinerziehend zu sein, sondern einen Partner an deiner Seite zu wähnen, dann betrachte euch beide als Team. Ihr seid gemeinsam für eure Kinder verantwortlich und führt auch gemeinsam den Haushalt. Sorge also dafür, dass auch die Aufgaben gerecht verteilt werden. Ich kenne viele Familien, in denen die Mutter berufstätig ist und trotzdem ein Großteil der familiären Verpflichtungen an ihr hängt. Das muss nicht sein. Binde vor allem deinen Partner in die täglichen Aufgaben mit ein. Bei uns gibt es eine Reihe von Aufgaben, die mein Mann sogar recht gerne übernimmt, wie zum Beispiel die Erledigung unserer Wocheneinkäufe. Verteile die Aufgaben so, dass nicht alles an dir hängen bleibt. Ihr beide seid ein Team, mach dir das bewusst. Hier geht es nicht darum, dass einer den anderen unterstützt, sondern dass beide am gleichen Strang ziehen. Nur so haben beide Elternteile auch die Chance, sich neben der Familie in ihrem Job zu verwirklichen, ohne unglücklich zu werden.

12

Stressfaktor #10: Planung & Kontrolle

Spätsommer 2013. Mein erster Sohn war gerade geboren und wir planten unseren ersten Sommerurlaub fernab von zu Hause als Familie. Wir wollten an den Gardasee zu einem Campingplatz, auf dem wir schon mehrere Sommer mit unseren Freunden verbracht hatten – damals noch ohne Kinder. Das Datum stand fest, die Abfahrt nahte und etwa zehn Tage vorher fing ich an, zu planen.

Ich plane für mein Leben gerne alles. Meine Spezialität ist es, Dinge bis ins letzte Detail durchzudenken. Ich kann große Events organisieren und planen. Meine eigene Hochzeit im Jahr zuvor war perfekt geplant und lief reibungslos, ohne dass nur das geringste Detail schiefging. Ich bin eine Meisterin des Planens, und man kann sich absolut auf mich verlassen, dass ich an alles denke. Also fing ich auch dieses Mal rechtzeitig vor der Abreise an, mir zu überlegen, was denn noch zu tun sei.

© Der/die Autor(en), exklusiv lizenziert durch Springer
Fachmedien Wiesbaden GmbH, ein Teil von Springer Nature 2021
D. Schenk, *Der Anti-Stress-Trainer für Working Moms*, Anti-Stress-
Trainer, https://doi.org/10.1007/978-3-658-34514-3_12

Da es der erste Urlaub mit Baby war, gab es schließlich auch einiges zu bedenken. Da der Kinderwagen mit sollte, musste ich überlegen, welche Koffer bzw. Taschen denn sonst noch ins Auto passten. Die Wäsche musste gewaschen und Dinge wie Sonnenschutz für das Baby eingekauft werden. Ich testete also im ersten Schritt schon einmal, welche Kinderwagen-Koffer-Kombination die Beste für eine Fahrt mit unserem neu gekauften Familienauto war. Sieben Tage vorher fing ich an, die Wäsche herauszulegen, die ich mitnehmen wollte: Wir hatten vor, zehn Tage am Gardasee zu bleiben, so dass ich also für meinen Sohn 15 Bodys einplante, da er schließlich auch hin und wieder sabberte und spuckte und man ja besser einen in der Reserve haben sollte. Das gleiche rechnete ich auch für T-Shirts und Hosen. Ebenso legte ich noch zwei Sätze warme Klamotten bereit, da man ja nie weiß, wie die Temperaturen im Spätsommer sein werden. Vier Tage vorher deckte ich mich in der Apotheke mit allen möglichen Medikamenten ein, die man so auf Reisen

benötigt, inklusive Mückenschutz und Erste-Hilfe-Set, man weiß ja nie. Theoretisch könnte man damit wohl auch eine Tour durch den tiefsten Dschungel fernab der Zivilisation machen. Drei Tage vorher kaufte ich Lebensmittel ein, da wir uns auf dem Campingplatz in unserem Mobilheim selbst versorgen mussten. Zwei Tage vorher wurde dann gepackt, natürlich mehrmals aus- und wieder umgepackt, damit der Platz auch bestmöglich und effizient genutzt war. Am Tag vor der Abreise war ich schon sichtlich nervös und überlegte ständig, was ich denn vergessen haben könnte. Das war übrigens auch der Moment, an dem mein Mann schließlich anfing, seine Sachen zu packen. Am Abreisetag stand ich bereits um 4 Uhr auf, geplante Abfahrt war für 7 Uhr angedacht. Die ganze Zeit lief ich zwischen Wohnung und Auto hin und her und überlegte zehn Mal, was ich denn noch vergessen haben könnte. Währenddessen saß mein Mann quietschvergnügt mit meinem Sohn wartend im Auto, voller Vorfreude auf den Urlaub.

Vielleicht kannst du dir vorstellen, wie meine Laune war, als ich mich dann auch völlig erschöpft ins Auto setzte. Irgendwie war ich mal wieder stinksauer, dass ich mal wieder diejenige war, die sich den Hintern aufriss, während mein Mann Däumchen drehte. An diesem besagten Tag sprach ich es aus – ich korrigiere: ich explodierte. Ich sagte meinem Mann, dass es doch nicht sein kann, dass ich diejenige bin, die sich um alles kümmert. Daraufhin sagte er nur: „Du bist doch selbst schuld, du lässt mich dir ja gar nicht helfen." Puh, das saß. Wenn die Stimmung vorher schon schlecht war, war sie jetzt höchst explosiv. Doch eines war klar: Er hatte recht. Und aus irgendeinem Grund sah ich in diesem Moment zum ersten Mal ein, dass ich für meinen Stress ganz alleine verantwortlich war. Denn ich riss mich tatsächlich immer um die Planung und Organisation irgendwelcher Reisen oder Ereignisse. Ich wollte ja gar nicht, dass er mir half, da ich wusste, dass ich nun mal an alles dachte. Ich hatte Angst, dass die Dinge nicht so laufen, wie ich sie mir vorgestellt hatte, wenn ich sie aus den Händen gebe. Ich liebte es, alles unter Kontrolle zu haben und alles alleine zu stemmen. Das Problem war nur, dass das für mich regelmäßig ein riesen Kraftakt war.

Einsicht ist ja bekanntlich der erste Schritt zur Besserung. Wenn du dich in dieser Geschichte wiedererkennst, dann trägst du wohl auch das Kontrollmotiv in dir, und folgende Glaubenssätze kommen dir sicher auch bekannt vor:

- Es ist entsetzlich, wenn etwas nicht so läuft, wie ich es geplant habe.
- Ich muss ständig daran denken, was alles passieren könnte.
- Es ist schrecklich auf andere angewiesen zu sein.
- Es fällt mir schwer, loszulassen und darauf zu vertrauen, dass alles gut geht.

Es ist ein gutes Gefühl, alles in der Hand zu haben, denn nur so weiß ich, dass auch wirklich alles zu 100 % nach Plan läuft. Wenn wir in den Urlaub fahren, kann ich mir sicher sein, dass wir auch wirklich alles dabei haben. Und auch im Job habe ich so die Gewissheit, dass alle Unterlagen zu den Terminen korrekt vorbereitet sind. Doch um an diesen Punkt zu kommen, stand ich jahrelang unter Stress. Denn es kostet Zeit, alles bis ins kleinste Detail zu planen. Und vor allem kostet es Zeit, sich auch noch um die Belange anderer zu kümmern (nach dem Motto: Ich packe lieber auch gleich die Sachen von meinem Mann, sonst habe ich wieder Probleme, wenn er etwas vergisst.). Ich habe für mich an diesem Tag entschieden, dass ich so nicht weiterleben möchte. Ich wollte definitiv gelassener werden. Doch wie?

Schritt für Schritt zu mehr Gelassenheit

Natürlich wird man nicht von heute auf morgen ein völlig entspannter Mensch, der ohne Probleme die Zügel aus der Hand gibt. Doch Schritt für Schritt kannst du das auch. Suche dir zuerst einen Erlaubersatz aus, der dir zusagt und den du anstreben möchtest. Zum Beispiel:

- Ich akzeptiere, was ich nicht ändern kann.
- Ich kann nicht alles planen und kontrollieren.
- Risiko gehört dazu.
- Es gibt immer einen Plan B.
- Ich muss mich nicht um alles (und jeden) kümmern.
- Ich kann mich auf andere verlassen.
- Ich habe Vertrauen.
- Ich bleibe gelassen, egal was kommt.
- No risk, no fun!

Wenn du einen Satz gefunden hast, notiere diesen auf mehrere Zettel und verteile diesen an die Orte, an denen du deinen Erlaubersatz mehrmals am Tag siehst. Wiederhole diesen Satz immer wieder als Mantra. Und dann probiere einmal Folgendes:

Gib die Zügel einmal aus der Hand und beobachte, was passiert.

Ich habe meinen Mann beim nächsten Kurztrip nach unserem Gardasee-Urlaub die komplette Planung und Organisation übertragen. Wir waren auf eine Hochzeit in München eingeladen und wollten bei der Gelegenheit gleich ein verlängertes Wochenende dort verbringen. Ich habe dafür lediglich meine sieben Sachen eingepackt, um den Rest hat er sich gekümmert. „Ich habe Vertrauen, dass alles gut geht" war mein Mantra, und ich habe mich wirklich gezwungen, dass ich mich dieses Mal nicht einmische und er das schon gut machen wird. Glaub mir, einfach war das nicht. Ich habe keine Ahnung, wie oft ich irgendwelche Entspannungs- oder Atemübungen durchgeführt habe, nur um mich zu beruhigen. Du möchtest wissen ob es geklappt hat?

Nun, zehn Tage vor der Abreise passierte erst einmal gar nichts. Während ich schon Tage vor der Abreise nervös wurde, war er die Ruhe selbst und fing erst am Abend vorher an zu packen. Er ging die ganze Organisation völlig anders an als ich. Er packte nach Gefühl oder nach Lust und Laune, zumindest sah es so aus, als ich in die Taschen hineingeschaut hatte. Es fehlte meine gewohnte Struktur. Ich versuchte dennoch ruhig zu bleiben und mich nicht einzumischen. Insgeheim rieb ich mir schon die Hände und malte mir aus, wie ich am Abreisetag triumphierend alles aufzählen würde, was er alles vergessen hatte. Doch ich blieb ruhig. Auch als wir morgens losfuhren. Erst 10 km von unserem Wohnort entfernt hielt ich es nicht mehr aus und fragte ich ihn, ob er denn auch an seinen Anzug gedacht hatte, da wir ja auf eine Hochzeit eingeladen waren. Und da war er, dieser Blick, auf den ich gewartet hatte. In Sekundenbruchteilen verwandelte sich sein Gesicht von einem entspannten Lächeln in den verkrampften Blick eines Rennfahrers, der kurz vor dem Ziel noch überholt wurde. Ich hatte gewonnen. Er hatte den Anzug vergessen und wir mussten umkehren. Das war der Beweis, dass ich einfach die bessere Planerin war und mir so etwas niemals passieren würde.

Doch in diesen wenigen Sekunden meines Triumphes wurde mir auch klar, dass es hier gar nicht um einen Sieg oder eine Niederlage ging. Hier ging es doch schließlich darum, dass ich gelassener werden wollte. Ich wollte Dinge aus der Hand geben und meinen Mann auch einmal um die Organisation einer Reise kümmern lassen. Ja, er hatte etwas vergessen, doch war das schlimm? Was ist eigentlich passiert? Wir mussten umkehren und hatten

20 min Zeit verloren. Wenn uns das mit dem Anzug später aufgefallen wäre, hätte er sich vielleicht in München einen neuen Anzug gekauft oder ausgeliehen. Oder er wäre in Jeans zur Hochzeit unseres Freundes gegangen und wäre zum Highlight des Abends geworden. Fakt ist: Es wäre gar nichts passiert, außer, dass wir einen kleinen Umstand mehr hätten, um den wir uns hätten kümmern müssen. Mehr nicht. Es wäre nicht der Weltuntergang gewesen, im Gegenteil es wäre uns bestens in lustiger Erinnerung geblieben.

Das Worst-Case-Szenario ist selten ein Weltuntergang

Seit diesem Erlebnis frage ich mich immer wieder: „Was ist das Schlimmste, was passieren könnte, wenn ich mich jetzt nicht komplett um alles kümmere?" Die Antwort ist meistens: Es wäre kein Weltuntergang. Ich habe meine Gelassenheit extrem trainiert. Wenn ich heute in den Urlaub fahre, packe ich selbst meist erst am Vortrag, und es ist fast immer gut gegangen. Und wenn ich meinem Mann Aufgaben überlasse, akzeptiere ich inzwischen, dass er sie sicher anders erledigt, als wenn ich mich darum kümmere. Doch das Ergebnis ist auch gut, nur eben anders. Und wenn doch etwas passiert, kann ich es inzwischen mit Humor nehmen. Gerade beim Packen für den Urlaub ist es doch so: Man kann jedes Problem mit einer Kreditkarte lösen (es war übrigens für mich eine unglaubliche Erkenntnis, dass man sogar Windeln am Gardasee kaufen kann. Wer hätte das gedacht?). Es ist dann zwar ärgerlich, weil es möglicherweise eine unnötige finanzielle Ausgabe ist, doch es tut dem Urlaub keinen Abbruch. Naja, und so eine neue Sonnenbrille (wenn man die alte vergessen hat) tut jetzt auch nicht gerade weh. Übrigens, es gibt da so ein nettes Lied, das mit folgenden Worten beginnt: „Probier's mal mit Gemütlichkeit" …

Cool bleiben bei unvorhergesehen Dingen: Die 4-A-Strategie

Natürlich gibt es Situationen, in denen Dinge nicht so laufen wie geplant. Vor allem dann, wenn man eben nicht mehr alles plant. Du sitzt zum Beispiel im Büro, das Telefon klingelt und ein aufgebrachter Kunde beschwert sich über eine fehlerhafte Lieferung, dein Chef steht im Türrahmen und braucht dringend eine Information von dir, der Drucker meldet Papierstau und eigentlich solltest du in zehn Minuten das Büro verlassen, um pünktlich deine Kinder aus der Kita abzuholen. Was du in solch einer Situation tun kannst, wenn alles auf einmal passiert, verrate ich dir jetzt.

Ich habe eine Strategie kennengelernt, die mir in diesen Situationen extrem gut hilft: Die 4-A-Strategie. Sie besteht aus vier Schritten:

1. Atmen
   Gerade in hektischen Situationen neigen viele Menschen zum Hyperventilieren. Sie atmen schneller und kürzer in den Brustkorb. Der erste Schritt zum Entstressen ist daher, ein paar tiefe Atemzüge einzuatmen und mindestens doppelt so lange auszuatmen. Konzentriere dich also ein paar Sekunden lang nur auf das Atmen, das bringt den Puls runter und du kannst besser wieder klare Gedanken fassen.
2. Abkühlen und Akzeptieren
   Nach dem Atmen folgt automatisch das Abkühlen. Jetzt fällt es auch leichter, die Situation zu akzeptieren. Denn: Wer sich aufregt, dass alles schiefläuft, dem ist auch nicht geholfen. Ärger und negative Emotionen bringen dich in ein seelisches Ungleichgewicht, lösen aber das Ausgangsproblem nicht. Also: Nimm es hin, dass im Moment Chaos herrscht. Es bringt nichts, jetzt unnötig zu eskalieren.

3. Analysieren

   Mit ein klein wenig Abstand kannst du nun in Ruhe die Situation analysieren: Was ist genau passiert? Was kannst du tun, um das Problem zu beheben? Was sind mögliche nächste Schritte, um weiterzukommen?

4. Agieren

   Komme nun ins Handeln und setze die nächsten Schritte um. Achte vor allem darauf, dass du eins nach dem anderen tust. Das klingt in der Theorie sehr banal, doch in hektischen Situationen vergessen wir diese einfachen Dinge meist.

Praxistipp für den Alltag: Organisation in Maßen erleichtert Vieles

Das Familienleben mit zwei berufstätigen Eltern ist eine tägliche Herausforderung. Das Ganze funktioniert vor allem dann, wenn man sich gut organisiert. Natürlich kann und will ich nicht alles planen, doch je mehr Struktur in unserem Alltag herrscht, desto besser laufen alle kleinen Zahnräder ineinander. Hier ein paar Alltagssituationen, in der eine Planung vorteilhaft ist:

- Erstelle Pläne, wann was genau zu tun ist. Am besten auf Wochenbasis. Das erleichtert die Organisation, und die Gefahr, dass etwas vergessen wird, verringert sich. Ich erstelle zum Beispiel hin und wieder Essenspläne: Wann wird was gekocht? Uns geht es nämlich oft so, dass wir vor lauter Stress die ganze Woche kaum darüber nachdenken, was wir am Wochenende kochen sollen. Meist standen wir dann früher samstags zur Mittagszeit ratlos vor dem Kühlschrank und mussten dann noch feststellen, dass wir das, was wir spontan als Idee hatten, gar nicht umsetzen konnten, weil natürlich die Zutaten fehlten. Jetzt machen wir uns Anfang der Woche Gedanken, was wir die Woche über so kochen wollen, und können somit auch schon die Einkaufsliste für den Wocheneinkauf erstellen.
- Was sich ebenso bewährt hat, ist mein Putzplan. Wenn ich mir zu Wochenbeginn (oder oft auch am Sonntagabend)

so überlege, welche Termine mich unter der Woche erwarten, plane ich auch gleich ein, wann ich was putzen werde oder was im Haushalt sonst noch zu tun ist. Dinge, die ich schon länger auf der To-do-Liste habe, wie zum Beispiel die Vorratskammer aufräumen, kann ich so langfristig voraus mit einplanen, da diese Aktion meist etwas länger dauert.

- Nutze eine digitale Einkaufsliste! Wer kennt das nicht: Wenn beide Elternteile berufstätig sind und neben dem Alltagsstress auch noch als Kindertaxi tätig sind, kann es schon einmal passieren, dass man nach Hause kommt und einen leeren Kühlschrank vorfindet. Meinem Mann und mir ist es früher oft passiert, dass wir uns die fehlenden Dinge, die eingekauft werden müssten, nicht aufgeschrieben haben. Das Problem ist: Wenn wir denken, dass wir das nicht vergessen (ist doch klar, dass wir Klopapier brauchen, das merke ich mir so), dann vergessen wir es erst recht. Abhilfe schafft da eine Einkaufsliste, die zentral erreichbar ist. Wenn du jetzt denkst: „Prima, haben wir! Unsere Einkaufsliste hängt in der Küche direkt am Kühlschrank!" – dann habe ich noch einen besseren Tipp für dich! Unsere Liste hing nämlich auch jahrelang am Kühlschrank. Doch da meist einer von uns direkt nach der Arbeit auf dem Nachhauseweg die Besorgungen erledigt, hing die Einkaufsliste meist unbeachtet am Kühlschrank. Mit dem Ergebnis, dass natürlich ein Teil der Punkte vergessen wurde und vor dem Einkauf über WhatsApp heiß über die Einkaufsliste diskutiert wurde, um die Punkte wieder aus der Ferne herzuleiten. Ich nutze die App ToDoist mit meinem Mann. Das ist eine einfache Listen-App, mit der man To-do-Listen erstellen und mit anderen Personen teilen kann. Es gibt eine große Anzahl von Alternativen: Zum Beispiel *To Do* (von Microsoft) oder Apps, die speziell für Einkaufslisten kreiert wurden wie zum Beispiel *Buy be a pie oder Bring.*
- Vorbereitung ist die halbe Miete: Der Familienalltag besteht in der Regel aus vielen kleinen Routinen. Um Zeit zu sparen, kannst du diese Routinen gut vorbereiten. Wenn du früh morgens auch schon zur Arbeit und vorher noch Kind und Kegel versorgen musst, überlege dir, was du vielleicht schon am Vorabend vor-

bereiten kannst: Da ich selbst kein Morgenmensch bin, erleichtere ich mir den morgendlichen Stress, indem ich am Abend schon einmal die Kleidung der Kinder bereitlege und das Pausenbrot meines Sohnes vorbereite. Manchmal fülle ich auch schon meinen Joghurt portioniert in meine Müslischale ab und stelle alles bereit in den Kühlschrank. Am nächsten Morgen schneide ich nur noch mein Obst hinein und bin schneller beim Frühstück.

- Übrigens: Damit ich nun spontan erst am Abreisetag meines Urlaubs ganz entspannt packen kann, arbeite ich gerne mit Packlisten. Wir haben uns zwei Listen erstellt – eine für den Sommerurlaub und eine für den Winterurlaub. Darin sind die wichtigsten Dinge aufgelistet, die wir nicht vergessen dürfen mitzunehmen. Diese Listen nutzen wir jedes Jahr wieder. Sie helfen uns, in der kurzen Zeit auch an kritische Dinge zu denken.

Planung und Organisation kann im Alltag extrem helfen. Sie hilft mir immer noch, auch wenn ich längst nicht mehr alles und immer bis ins letzte Detail plane. Finde ein gesundes Mittelmaß und vor allem, sei offen für das, was passiert, auch wenn du es nicht eingeplant hast. Das nennt man Leben!

.

13

Anti-Stress-Training in Krisenzeiten

Du hast in den vergangenen 10 Kapiteln eine Menge über die wichtigsten Stressfaktoren von Working Moms gelesen. Hoffentlich konntest du auch schon wertvolle Tipps mitnehmen, die du auch für dich umsetzen kannst. Gehe es Schritt für Schritt an und nimm dir am besten erst einmal einen Punkt vor, an dem du arbeiten möchtest. Identifiziere deinen stärksten Glaubenssatz und versuche diesen in den nächsten Wochen in einen positiven Erlaubersatz zu verwandeln.

Warum die Arbeit mit den inneren Glaubenssätzen so wichtig ist, möchte ich dir noch mal an einem Beispiel aus Pandemiezeiten verdeutlichen:

Im März 2020 hat sich mein Leben (wie wahrscheinlich das vieler) durch die Coronakrise komplett auf den Kopf gestellt. Auf einmal musste ich nicht nur Job & Familie koordinieren, sondern auch damit zurechtkommen, dass meine komplette Familie zu Hause ist

D. Schenk, *Der Anti-Stress-Trainer für Working Moms,* Anti-Stress-Trainer, https://doi.org/10.1007/978-3-658-34514-3_13

und zudem die Kinder bekocht, beschult und betreut werden wollen. Natürlich habe ich auch hier ein Team mit meinem Mann gebildet, doch wir kamen extrem an unsere Grenzen. Genau zu diesem Zeitpunkt, als alles auf einmal zusammenkam, habe ich einmal mehr gemerkt, wie wichtig es ist, von innen heraus gelassen zu sein. Denn nichts war mehr so, wie es vorher war.

Natürlich hat diese Extremsituation auch bei mir für einen extrem hohen Stresspegel gesorgt. Die Vereinbarkeit von Familie und Beruf, die vorher schon ein täglicher Spagat war, fühlte sich jetzt unlösbar an. Auch ohne Corona-Krise ist es eine Herausforderung für jede Working Mom, die beruflichen Termine mit den Betreuungszeiten von Kita und Schule in Einklang zu bringen. Wenn auch nur irgendein Teil dieser Kette nicht so funktioniert, wie er soll, entsteht ein Chaos. Jeder kennt die Situation, wenn das Kind krank oder die Tagesmutter verhindert ist. Von jetzt auf gleich muss man alles umorganisieren und sich einen Plan B überlegen. Wenn das einen Tag vorkommt, ist es schon eine Herausforderung, bei zwei oder mehr Tagen war das immer ein großes Chaos. Doch mit der Pandemie nahm dieses Chaos völlig neue Ausmaße an.

Ich verbringe sehr gerne Zeit mit meinen Kindern und unterstütze sie auch gerne in ihrer Entwicklung. Doch diese Vollzeit-Herausforderung (mangels Kita und Schule) mit meinem Vollzeitjob in Einklang zu bringen war schlichtweg unmöglich. In dieser Ausnahmesituation musste ich also ganz klare Prioritäten setzen. Ich musste ganz klar abgrenzen, welche Dinge nun wirklich wichtig und dringend waren und welche nicht. Denn in dieser Krisenzeit hatte ich nur ein Ziel: Überleben (im Sinne von: den Tag irgendwie bewältigen, ohne dass jemand verhungert oder ich einen Kunde vergesse). Und zwar Tag für Tag. Denn weiter in die Zukunft konnte ich gar nicht schauen.

Klar priorisieren mit der Eisenhower-Matrix
Vielleicht kennst du schon die Eisenhower-Matrix. Sie dient dazu, Aufgaben in Wichtigkeit und Dringlichkeit zu unterscheiden. Dieses Schaubild wird in jedem Zeit-management-Seminar gelehrt und doch selten habe ich es so konsequent anwenden müssen, wie in der Corona-Krise (Abb. 13.1).

Das Modell dient dazu, alle Aufgaben in A-, B-, C- und D-Aufgaben zu kategorisieren:

- A-Aufgaben sind Aufgaben die sowohl wichtig als auch dringend sind. Diese Aufgaben haben höchste Priorität, müssen als erstes erledigt werden.

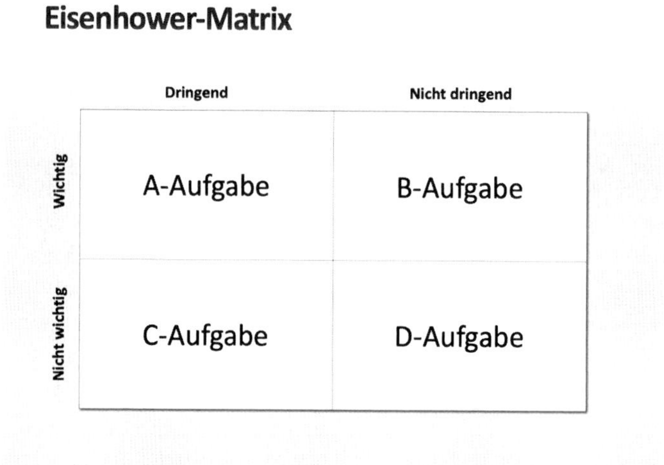

Eisenhower-Matrix

Abb. 13.1 Die Eisenhower-Matrix. Eigene Darstellung nach Eisenhower (1954)

- B-Aufgaben sind wichtig, jedoch nicht dringend. Diese Aufgaben haben zweithöchste Priorität. Diese sollte man terminieren – am Besten direkt nachdem alle A-Aufgaben erledigt sind.

- C Aufgaben sind nicht wichtig, aber dringend. Das sind Aufgaben, die man idealerweise delegieren sollte (vielleicht an Familienmitglieder?).

- D-Aufgaben sind weder wichtig noch dringend. Das Spannende daran ist, dass Aufgaben, die weder wichtig, noch dringend sind, direkt „gelöscht" werden können. Das bedeutet, du solltest sie erst gar nicht angehen, da sie reine Zeitverschwendung sind.

Entscheidend ist hier die Definition von Wichtigkeit und Dringlichkeit. Während Dringlichkeit relativ klar ist (in der Regel gibt es hier einen Termin, bis wann eine Aufgabe erledigt werden sollte), ist es bei der Wichtigkeit etwas schwieriger. Für mich bedeutet Wichtigkeit, dass mich diese Aufgabe meinem Ziel näher bringt und meine persönliche Kompetenz verlangt. Ganz konkret in der Corona-Krise bedeutete für mich Wichtigkeit: „Ist diese Aufgabe bzw. diese Tätigkeit essenziell, um den heutigen oder morgigen Tag zu bestreiten?"

Die Eisenhower-Matrix hat mir extrem geholfen, alles was ich tue noch einmal genauer zu beleuchten. Welche von den vielen To-dos auf meinem Schreibtisch müssen unbedingt heute noch erledigt werden oder können vielleicht bis morgen warten? Und ganz wichtig: Was ist inzwischen so unwichtig geworden, dass ich es auch ganz sein lassen kann. Tatsächlich habe ich auf diese Weise viele Dinge komplett von meiner Liste gestrichen, weil es schlichtweg unmöglich war, das gleiche Pensum wie vor der Pandemie zu schaffen. Und genau darum geht es: Um in Krisen weiterhin bestehen zu können, muss man sich auf das Wesentliche fokussieren.

Turbo-Gelassenheit

Die größte Herausforderung bestand aber darin, schnellstmöglich alle inneren Antreiber abzulegen. Es galt also, eine Art „Turbo-Gelassenheit" an den Tag zu legen, um diese Krise irgendwie zu meistern. Denn wer in einer solchen Ausnahmesituation auch noch versucht, seinen inneren Antreibern gerecht zu werden, der geht über kurz oder lang kaputt.

Vollzeit zu arbeiten und gleichzeitig ein Schulkind bei den Schulaufgaben zu betreuen und ein Kindergartenkind zu beschäftigen, hat auch mich an meine Grenzen gebracht. Doch in dieser Situation konnte ich zum Glück viele Dinge einfach ausblenden: Meine Gelassenheit, Dinge nicht mehr perfekt machen zu müssen, hat es mir ermöglicht, dass wir irgendwie durch den Alltag gekommen sind. Ich konnte weder etwas sicher planen, noch allen gerecht werden, noch für einen perfekten Haushalt sorgen. Also habe ich es einfach gelassen und mich auf das „Überleben" fokussiert. Ich habe knallhart meine Prioritäten überdacht und täglich alles bis auf die ersten drei To-dos von meiner Liste gestrichen. Natürlich kam mir jetzt zugute, dass es in der Situation allen gleich ging und sowohl Chefs als auch Kunden vollstes Verständnis hatten, wenn die Dinge nicht so liefen, wie sie es sonst gewohnt waren. Besuch kam ja auch keiner, insofern war es schlichtweg egal, wie es zu Hause aussieht. Und mit den wöchentlichen Neuerungen der Coronaverordnungen konnte man ohnehin nicht länger als sieben Tage im Voraus planen (und selbst das war manchmal schon zu optimistisch). Auch wenn ich vorher schon ein sehr gelassener Mensch war, hat sich meine Gelassenheit in dieser Zeit noch mehr gefestigt.

Anti-Stress in Krisenzeiten: Was wir von der Pandemie mitnehmen können

Was hat diese Corona-Krise mit unserem normalen Alltag zu tun? Ganz einfach: Wir werden in unserem Leben immer wieder Krisen und Herausforderungen begegnen. Es wird immer wieder Situationen geben, in denen wir nicht das tun, was wir uns eigentlich vorgenommen haben. Immer wieder werden wir Situationen erleben, in denen wir schnell reagieren und handeln müssen, weil unvorhergesehene Dinge passieren. Das fängt schon bei kleinen Dingen an: Kind krank, Kinderbetreuung ausgefallen oder man erlebt furchtbare Dinge, wie zum Beispiel einen unerwarteten Todesfall in der Familie, Krankheiten etc. Genau in solchen Situationen ist unsere Widerstandsfähigkeit gefragt. Und genau hierfür ist es wichtig, dass wir an unserer inneren Einstellung arbeiten, um gut durch solche Krisen zu kommen.

14

Self-Care als wichtigster Anti-Stress-Baustein

Wenn ich eines in der Corona-Krise gelernt habe, dann ist es, mir bewusst zu werden, wie wichtig es ist, dass es mir gut geht. Wenn es mir nicht gut geht, dann geht es auch meinen Kindern und meiner Familie nicht gut. Umso wichtiger ist es also, dass ich ausreichend Möglichkeiten habe, meine Reserven aufzutanken und für mich selbst zu sorgen.

Wie gut sorgst du für dich?

Self-Care – oder auf Deutsch: Selbstfürsorge – ist die Fähigkeit, mit sich gut umzugehen und gut für Körper und Seele zu sorgen. Ein wichtiger Bestandteil in der Selbstfürsorge ist die Ich-Zeit. Wie viel Zeit am Tag verbringst du durchschnittlich mit dir ganz allein und sorgst in dieser Zeit dafür, dass es dir gut geht?

Betrachte doch einmal deine Wach-Zeit und analysiere, wie viel Zeit du am Tag für Entspannung hast. Und damit meine ich nicht: in Ruhe die Geschirrspülmaschine aus-

D. Schenk, *Der Anti-Stress-Trainer für Working Moms,* Anti-Stress-Trainer, https://doi.org/10.1007/978-3-658-34514-3_14

zuräumen oder auf der Couch mit dem Smartphone auf Instagram zu stöbern. Mit Self-Care-Zeit meine ich die Zeit, in der du dich wirklich entspannst und NICHTS tust.

Also: Wie viele Minuten oder Stunden am Tag tust du wirklich nichts? Wenn ich diese Frage den Teilnehmern in meinen Stressmanagement-Seminaren oder Resilienz-Trainings stelle, gibt es immer Teilnehmer, die mich mit großen Augen anschauen. „Wie meinst du das? Zeit in der ich nichts tue? Die existiert bei mir überhaupt nicht!" Diese Reaktion ist nicht unüblich und wenn du dich jetzt wiedererkennst, dann kannst du sicher sein, dass du nicht allein damit bist. Dennoch sind genau diese wenigen Minuten am Tag unglaublich wichtig.

Wenn du also zu denen gehörst, die jeden Tag rastlos von A nach B rennen und eine Aufgabe nach der anderen abarbeiten, dann probiere einmal Folgendes: Setze dich einmal für einige Minuten in den Garten oder stell dich ans Fenster und atme ein paar Atemzüge frische Luft ein und beobachte. Tue nichts außer beobachten. Beobachte die Natur, deine Nachbarn oder vorbeifahrende Autos. Lass deine Gedanken ziehen und versuche für einen Moment alles abzustreifen, was dich belastet.

Wenn dir diese Vorstellung Angst einjagt oder du bezweifelst, dass du das kannst, dann starte doch einfach mal mit 5 Minuten. Die Profis machen das jeden Tag eine ganze Stunde und nennen es Meditation. Nicht falsch verstehen, natürlich gibt es einen Unterschied zwischen einer Meditation und zum Fenster rausschauen, doch das Grundprinzip ist das Gleiche.

Erstelle deine Self-Care-Liste

Natürlich gibt es noch viele weitere Möglichkeiten, die Akkus aufzuladen. Die einen tun es mit Sport, die anderen mit Lesen, Musikhören oder legen sich in die Badewanne.

Weißt du, was dir gut tut? Erstelle dir eine Self-Care-Liste und notiere einmal alles, was dir gut tut. Sortiere die Tätigkeiten aufsteigend in ihrer Dauer. Hänge diese Liste irgendwo hin, wo du sie täglich im Blick hast und nimm dir jeden Tag vor wenigstens einen Punkt davon umzusetzen. Wähle den Punkt aus, der zeitlich für dich in deinen (Arbeits-)Alltag passt und tue dir etwas Gutes. Setze das vor allem regelmäßig um, und zwar gerade dann, wenn dein Alltag besonders anstrengend ist.

Hier findest du 25 Self-Care-Impulse für die Entspannung zwischendurch:

1. Lege dich für ein paar Minuten ins Gras und beobachte die Wolken am Himmel.
2. Putze deine Zähne mit der anderen Hand. Nimm die Dinge heute besonders wahr, die du sonst im Autopilot-Modus erledigst.
3. Drehe die Musik laut auf (setze im Zweifel Kopfhörer auf) und tanze für ein paar Minuten wild zu deinem Lieblingssong.
4. Setze dich entspannt hin, schließe die Augen und achte ein paar Minuten nur auf deine Atmung. Diese Mini-Mediation kannst du auch am Schreibtisch zwischendurch ausführen.
5. Rufe eine Freundin an.
6. Lege dich in die Badewanne, wenn die Kinder im Bett sind. Mache es dir mit Kerzen gemütlich und genieße die Entspannung.
7. Denke an 10 Dinge, die du in deinem Leben schon erreicht hast.
8. Lies ein gutes Buch, das du schon lange lesen wolltest.
9. Unternimm einen kleinen Spaziergang. Nimm bewusst alles wahr, was du auf dem Weg entdeckst.
10. Organisiere einen Mädelsabend (wenn ihr zu weit auseinander wohnt, dann wenigstens online).

11. Höre ein lustiges/interessantes Hörbuch.
12. Genieße 15 min die Sonne.
13. Gehe eine Runde Joggen oder mache Sport zu Hause und schaue dir motivierende Sportvideos an.
14. Gönne dir einen 20-minütigen Powernap.
15. Schau eine lustige Serie, die dich zum Lachen bringt.
16. Nutze ätherische Öle zur Entspannung.
17. Verabrede dich zum Malen.
18. Male ein Mandala aus.
19. Schaue dir alte Fotos an und denke an die schönen Erinnerungen.
20. Gönne dir ein paar Stunden (oder vielleicht sogar ein paar Tage) digital Detox.
21. Trinke einen leckeren Tee.
22. Laufe ein paar Minuten barfuß durch den Garten.
23. Setze dich in die Natur und lausche den Vögeln.
24. Schreibe jemandem eine Postkarte und sage ihm/ihr, dass du sie vermisst.
25. Schreibe 5 Dinge auf, für die du heute dankbar bist.

Du bist es wert, dass es dir gut geht! Kümmere dich also vor allem um dich selbst. Lerne, liebevoll mit dir umzugehen und schenke dir immer wieder genügend Auszeiten. Achte darauf, wenn es Körper, Geist und Seele gut geht, dann bist du auch gut gewappnet für die vielen Herausforderungen einer Working Mom.

15

Anti-Stress-Training im Schnelldurchlauf

Du hast dir dieses Buch gekauft oder es geschenkt bekommen und möchtest gerne den Inhalt so schnell wie möglich erfassen? Du hast im Moment keine Zeit, alles komplett zu lesen? Oder du möchtest dir vor dem Lesen erst einmal einen kleinen Überblick verschaffen? Vielleicht hast du das Buch schon gelesen und brauchst jetzt noch einmal eine Wiederholung von allem, was du gelesen hast? Dann habe ich hier mein Anti-Stress-Training im Schnelldurchlauf für dich:

#1: Arbeiten und Mutter sein: So kannst du beide Rollen zufrieden ausfüllen

Jede Working Mom steht vor einer ständigen Zerreißprobe zwischen ihren Rollen in Job und Familie. Für diesen Rollenkonflikt gibt es keine Win–win-Lösung, denn du kannst nicht allem und jedem gerecht werden. Wichtig ist, dass du für dich einen Kompromiss findest,

D. Schenk, *Der Anti-Stress-Trainer für Working Moms,* Anti-Stress-Trainer, https://doi.org/10.1007/978-3-658-34514-3_15

mit dem du gut leben kannst. Akzeptiere, dass du nicht in allen Bereichen 100 % geben kannst, sondern dass es immer darum geht, Prioritäten zu setzen. Versuche, deine Erwartungen an deine Rollen etwas herunterzuschrauben und gehe deinen Weg. Lass dich nicht von den Meinungen anderer beeinflussen und sei sicher, dass dein Weg für dich und deine Familie der richtige ist. Du bist eine großartige Mutter und eine engagierte Angestellte oder selbstständige Unternehmerin. Du gibst immer das Beste, und das ist völlig ausreichend!

#2: Perfektionismus: Lass doch mal fünfe gerade sein

Wenn du perfektionistisch veranlagt bist, mache dir bewusst, dass das einer der größten Stressfaktoren ist. Es ehrt dich, wenn du in deinem Job detailliert und genau arbeitest, in einem ordentlichen, sauberen, aufgeräumten Haus lebst und ein großer Fan der Struktur bist. Aber musst du wirklich immer 150 % geben? Hinterfrage in Zukunft deine Handlungen, vor allem dann, wenn du unter chronischem Zeitmangel leidest: Muss das wirklich jetzt sein? Muss ich die Fenster heute putzen? Muss die Wohnung ausgerechnet jetzt aufgeräumt werden? Muss ich die Unterlagen wirklich ein drittes Mal gegenchecken, bevor ich sie abschicke? Es gibt viele Momente, in denen weniger mehr ist, und viele Dinge, die dich im Alltag unnötig daran hindern, dich mit den wichtigen Dingen zu beschäftigen: Zeit für deine Familie zu haben. Also: Lass den Wäschekorb stehen und spiel lieber noch eine Runde „Mensch ärgere Dich nicht" mit deinem Kind. Habe Mut, etwas unperfekt zu sein und genieße es, stattdessen Zeit zu gewinnen und einfach glücklich zu sein. Der Wäschekorb wird auch morgen noch dort stehen und geduldig auf dich warten.

#3: Schlechtes Gewissen: Nutze die Zeit mit deiner Familie intensiv

Als Working Mom hat man weniger Zeit für die Familie als eine Vollzeitmama. Auch wenn man sich bewusst für den Job entschieden hat, gibt es viele Momente, in denen das schlechte Gewissen präsent ist. Doch wer bewertet eigentlich, was zu viel und zu wenig Zeit ist? Viel wichtiger ist doch die Frage, wie du die Zeit verbringst, wenn du zu Hause bist. Es gibt Vollzeitmamas, die längst nicht so viel Zeit bewusst mit ihren Kindern verbringen wie es scheint. Du hast dich bewusst dafür entschieden, Mutter zu sein und zu arbeiten. Dann ist das für dich auch die richtige Entscheidung. Und wenn du ausgeglichen bist, sind deine Kinder es auch. Musst du deinen Job aus finanziellen Gründen ausüben, dann versuche, dich in der jeweiligen „Welt" zu fokussieren. Wenn du arbeiten bist, konzentriere dich voll und ganz auf deinen Job und sei dann zu 100 % für deine Familie da, wenn du zu Hause bist. Versuche, eine bestmögliche Trennung zwischen Familie und Job herzustellen. So sind deine Kinder sicher, dass du voll und ganz für sie da bist, wenn du zu Hause bist.

#4: Fehlender Egoismus: Sorge für dich und deine Bedürfnisse

Für jede (oder zumindest fast jede) Mutter sind die Kinder das Wichtigste überhaupt. Jede Mutter, die ein Kind zur Welt gebracht hat, weiß genau, wie es sich anfühlt, das kleine Bündel Glück zum ersten Mal in den Armen zu halten, eine unendliche Liebe zu spüren und die Gewissheit zu fühlen, einfach alles für dieses kleine Wesen zu tun. Dagegen gibt es grundsätzlich nichts einzuwenden, so lange du dich dabei nicht vergisst! Achte auf dich und deine Bedürfnisse. Wenn du das Bedürfnis nach Auszeit hast, dann nimm sie dir. Denke daran, dass du viel mehr Energie in deinem Alltag hast, wenn du hin und wieder die Möglichkeit hast, deine Akkus aufzuladen. Horche auch in dich hinein und frage dich, was du jobtechnisch noch erreichen möchtest. Viele Frauen stecken ihre Karriere zurück wegen der Kinder. Muss das wirklich sein? Geht nicht auch beides? Wie lange möchtest du warten? Die Fragen kannst nur du selbst beantworten. Doch mach dir bewusst, dass es hier nicht nur um das Leben deiner Kinder geht, sondern auch um dein Leben. Frage dich, was du für ein Gefühl hast, wenn du einmal mit 80 Jahren auf dein Leben zurückblickst. Hast du wirklich so gelebt, wie du das wolltest? Oder hast du unnötigerweise auf etwas verzichtet? Man kann alles schaffen, wenn man nur will. Und: Du lebst nur einmal! Vergiss das nicht!

#5: Andere Mütter: Lass sie einfach reden
Es wird immer Mütter geben, die deinen Lebensentwurf furchtbar finden. Egal was oder wie du es machst, du wirst es niemals allen recht machen können. Arbeitest du zu viel, bist du ein Workaholic, der unnötigerweise Kinder in die Welt setzt. Arbeitest du zu wenig, bist du ein Heimchen am Herd ohne Selbstbewusstsein. Fakt ist: Es gibt kein Richtig oder Falsch. Jeder hat das Recht, sein Leben so zu leben, wie er oder sie das will. Was die anderen (über dich) sagen, ist unwichtig. Wichtig ist nur, dass du und deine Familie glücklich sind. Das ist das einzige, was zählt. Im Übrigen: Manchmal sind die größten Kritiker auch oft die größten Neider, aber das nur am Rande.

#6: Ewige Effizienz: Die Dosis macht das Gift
Um den Alltag als Working Mom im Griff zu haben, ist eine sorgfältige Planung und Organisation unerlässlich. Es macht absolut Sinn, Termine schriftlich zu planen. Es ist

extrem hilfreich, eine digitale Einkaufsliste zu haben und erleichternd, sogar das Essen vorauszuplanen. Wichtig ist aber auch, sich in der ganzen Struktur und Organisation nicht zu verlieren. Lass hin und wieder die To-do-Liste To-do-Liste sein und lebe (in den Tag hinein). Effizienz ist hilfreich, doch zu viel Effizienz ist schädlich für die Spontanität und Kreativität. Die besten Erlebnisse hat man meist dann, wenn sie nicht vorhersehbar und geplant waren.

#7: Hohe Ansprüche: Mach mal halblang

Jede Mutter möchte das Beste für ihr Kind. Working Moms, die mit schlechtem Gewissen durch den Arbeitsalltag marschieren, möchten gerne die fehlende Zeit für die Familie mit Besonderheiten kompensieren. Doch für die Kinder ist es unerheblich, ob du mit ihnen den Sonntag in drei verschiedenen Freizeitparks verbringst oder einen einfachen Waldspaziergang unternimmst. Für die Kinder zählt die gemeinsame Zeit. Es ist unwesentlich, ob du eine dreistöckige Torte für den Kindergeburtstag bäckst. Sie freuen sich auch über einen Schokokuchen mit bunten Schokolinsen. Und ob die Kinderzimmereinrichtung wirklich komplett Ton-in-Ton sein muss, interessiert die Kleinen auch nicht. Frage dich hin und wieder, was wirklich wichtig ist, und überdenke, ob deine Ansprüche (an dich selbst) vielleicht zu hoch sind. Je höher sie sind, desto mehr Stress bedeutet das für dich. Mach dir bewusst, dass deine Kinder dich bedingungslos lieben, ganz egal, was du ihnen für ein Programm bereitest. Hauptsache, du bist für sie da und schenkst ihnen deine (wenige aber dafür wertvolle) Zeit.

#8: Ich mache das alleine: Aber zu zweit geht das viel besser

Gehörst du zu den Menschen, die ihren Aufgaben (sowohl privat als auch beruflich) nicht hinterherkommen, weil sie nicht gerne delegieren? Der Satz: „Ich mach das lieber schnell alleine" bedeutet für dich jedenfalls zusätzlicher Stress. Sicherlich besteht die Gefahr, dass Dinge von anderen Menschen anders (als in deiner Vorstellung) erledigt werden. Doch wenn du mehr Zeit für dich und mehr bewusste Zeit mit deinen Kindern haben möchtest, solltest du lernen zu delegieren. Es muss nicht alles an dir hängen bleiben. Wenn deine Kinder schon etwas größer sind, können sie schon einzelne Aufgaben im Haushalt übernehmen und dich entlasten. Und vielleicht kannst du unangenehme To-dos an dritte Personen abgeben, zum Beispiel deine Bügelwäsche an einen Bügelservice. Natürlich kostet das Geld – ist es dir das wert, wenn du dafür mehr Zeit für deine Kinder haben kannst?

#9: Klassisches Rollenbild: Musst du das weiter leben?

Wie sieht die Rollenverteilung bei dir zu Hause aus? Wer kümmert sich bei euch um die Kinder und den Haushalt? Ist das gerecht aufgeteilt, oder bleibt der Löwenanteil immer bei dir hängen? In erstaunlich vielen jungen Familien herrscht heute immer noch das klassische Rollenbild vor: Der Vater geht arbeiten, während die Mutter sich um Kind(er) und Haushalt kümmert. Dagegen ist grundsätzlich nichts einzuwenden, wenn das für beide Parteien in Ordnung ist. Wenn diese Aufteilung allerdings bei einer Working Mom vorkommt, dann empfinde ich das schon als ungleiches Verhältnis. Warum sollte die Frau, die genauso arbeiten geht, Haushalt und Kinder allein verantworten? Mach einmal den Status-quo-Check und liste einmal alle Aufgaben auf, um die du dich in eurem Familienleben kümmerst. Nimm deinen Partner (und deine Kinder) mit ins Boot und verteile die Aufgaben gerecht. Wenn jeder mit anpackt, ist es leichter zu bewältigen.

#10: Kontrollzwang: Übe dich in Gelassenheit

Bist du auch ein Mensch, der gerne die Kontrolle und die Übersicht über alles hat? Planst du gerne alles bis ins letzte Detail und gibst ungern Aufgaben ab, weil du Angst hast, dass sie nicht so ausgeführt werden, wie es dir recht ist? Dann gehörst du wohl zu den Menschen, die das Kontrollmotiv als inneren Antreiber in sich tragen. Mache dir bewusst, dass du nicht alle Risiken vorherplanen kannst und es auch in Ordnung ist, wenn Aufgaben anders ausgeführt werden, als du sie geplant hast. Frage dich immer: „Was ist das Schlimmste, was dir passieren könnte?" In den meisten Fällen ist das kein Weltuntergang. Du musst also nicht alles bis ins kleinste Detail durchorganisieren, sondern darfst auch einfach mal abwarten, was kommt. Übe dich in Gelassenheit. Delegiere To-dos und vertraue darauf, dass das Ergebnis in Ordnung sein wird. Begrenze die Zeit, die du für lange Planungen im Voraus ver(sch)wendest, und vertraue darauf, dass du für unerwartete Situationen auch eine Lösung finden wirst. Aus eigener Erfahrung kann ich sagen, dass mehr Gelassenheit und Spontanität dir auch so einige positive Überraschungen bescheren werden, die du niemals erlebt hättest, wenn du dich mit deinen starren Plänen eingeengt hättest.

#11: Wenn alles zusammenkommt: Setze klare Prioritäten

Wenn Du das Gefühl hast, dass alles auf einmal zusammenkommt und du keine Ahnung hast, wie du den ganzen Stress bewältigen sollst, konzentriere dich auf deine Prioritäten. Mach dir klar, welche Aufgaben und Tätigkeiten in dieser Situation wirklich wichtig und dringend sind. Nimm dir in stressigen Zeiten maximal 3–5 To-dos vor, die du erledigen möchtest. Sortiere unwichtige Dinge knallhart aus oder lass sie erst einmal liegen. Du wirst ohnehin nicht alles schaffen können. Jetzt geht es erst einmal darum, den Tag zu bewältigen und das Notwendigste zu tun.

#12: Stichwort Self-Care: Achte auf dich und deine Reserven

Gerade wir Working Moms sind prädestiniert dafür, dass wir an alles andere denken, nur nicht an uns selbst. Dabei ist es ungemein wichtig, gut für sich zu sorgen. Du weißt sicher auch, dass es deiner Familie auch nicht gut geht, wenn es dir nicht gut geht. Achte also auf dich und deine Reserven. Lade deine Akkus regelmäßig auf. Mach dir eine Liste mit Dingen, die dir gut tun und baue jeden Tag eine kleinere oder größere Self-Care-Einheit in deinen Alltag ein. Manchmal helfen schon 5 Minuten Durchatmen und Nichtstun!

Du siehst, es gibt viele Punkte, an denen du ansetzen kannst, deinen Stresslevel zu minimieren. Nimm dir nicht zu viel vor, sondern konzentriere dich einfach auf einen oder zwei Punkte. Wenn du hier an dir gearbeitet hast, kannst du weitermachen. Stressbewältigung ist nichts, was in 5 Minuten erledigt ist. Es ist eher ein Dauerlauf in unserem hektischen Alltag.

Ich wünsche dir, dass du mit diesen Tipps deinen persönlichen Stresslevel ein wenig minimieren kannst und ein Stück weit gelassener wirst.

Schlusswort

Eine Working Mom zu sein, ist eine große Zerreißprobe. Es ist ein täglicher Kampf, mehreren Rollen gleichzeitig gerecht zu werden, begleitet von ständigem Zweifel, ob man denn wirklich alles richtig macht. Kinder, Karriere, Haushalt, Partnerschaft und Sozialleben unter einen Hut zu bekommen ist eine große Herausforderung, die jeden Tag aufs Neue beginnt und wohl niemals endet, bis die Kinder aus dem Haus sind.

Bei all dem Stress, den du als Working Mom hast, mach dir immer wieder bewusst, was für eine Leistung du täglich erbringst. Klopfe dir hin und wieder auf die Schulter. Du hast (ein) großartige(s) Kind(er) zur Welt gebracht, allein dafür gebührt schon jeder Mutter der allergrößte Respekt. Du schenkst ihnen jeden Tag deine bedingungslose Liebe, egal wie sehr sie dich immer wieder auf die Palme bringen. Neben all diesen Hürden hast du auch noch einen Job, der dich ebenfalls jeden

© Der/die Herausgeber bzw. der/die Autor(en), exklusiv lizenziert durch Springer Fachmedien Wiesbaden GmbH, ein Teil von Springer Nature 2021
D. Schenk, *Der Anti-Stress-Trainer für Working Moms*, Anti-Stress-Trainer, https://doi.org/10.1007/978-3-658-34514-3

Tag aufs Neue fordert. Und ganz egal ob du diesen Job liebst und er dein Traum ist oder ob du ihn brauchst, weil du finanziell auf ihn angewiesen bist: Du bringst auch hier jeden Tag eine unglaublich große Leistung, indem du dich voll konzentrierst und währenddessen all die privaten Belange für einige Momente in den Hintergrund stellst. Gemeinsam mit deinem Partner (oder auch nicht) meisterst du auch noch die komplette Organisation rund um Familie und Job. Das sind in Summe oft mehr Aufgaben, als ein Geschäftsführer eines Unternehmens hat. Und dann hast du in der Pandemie auch noch Unmögliches möglich gemacht und deine Kinder teilweise zu Hause betreut und auch noch beschult.

Du trägst große Verantwortung in beiden Welten: beruflich und privat. Und daneben gibst du dir auch noch Mühe, ein harmonisches Familienleben zu führen und deine sozialen Kontakte zu pflegen. Du bist Mutter, Partnerin oder Ehefrau und Hausfrau; Angestellte, Selbstständige oder Unternehmerin; du bist Köchin, Seelentrösterin, Psychologin, Organisatorin, Entertainerin, seit

Corona auch noch Lehrerin und Erzieherin und ohnehin noch so vieles mehr. Die Liste der Beschreibung deiner „Jobs" könnte hier endlos fortgeführt werden.

> **Mach dir hin und wieder bewusst, wie großartig du bist!**

Führe dir immer wieder vor Augen, was für eine Superpower du hast. Wir Frauen machen uns gerne kleiner und erkennen unsere eigenen Stärken und Leistungen nicht vollständig an. Wir bewundern dafür lieber andere Frauen, wie sie all das schaffen, und machen uns gleichzeitig selbst kleiner als wir sind. So werde auch ich immer wieder angesprochen und gefragt: „Wie schaffst du das alles? Das ist so bewundernswert!"

Nein! Ich bin nicht bewundernswert! Ich tue das gleiche wie alle anderen Working Moms auch! Ich stehe in einem ständigen Kampf zwischen den verschiedenen Rollen, die ich habe, und bin täglich einer sehr anstrengenden Zerreißprobe ausgesetzt. Mir geht es genau wie dir! Du tust nämlich das Gleiche. Auch wenn ich vielleicht einen Job habe, bei dem ich sehr viel unterwegs bin, ist das, was ich tue, nichts anderes als wenn eine Mutter in ihrem Wohnort halbtags arbeitet. Auch sie hat die gleichen Herausforderungen.

Pass auf dich auf, achte auf dich und deine Energiereserven. Nimm dir hin und wieder Auszeiten und hol dir Hilfe, wenn es zu viel für dich allein ist.

Stelle dein Licht nicht unter den Scheffel und mach dir hin und wieder bewusst, wie großartig du bist. Ich bewundere dich und bin sehr stolz auf dich!

Alles Liebe
von Working Mom zu Working Mom
Dunja

Über den Initiator der Anti-Stress-Trainer-Reihe

Peter Buchenau gilt als der Indianer in der deutschen Redner-, Berater- und Coaching-Szene. Selbst ehemaliger Topmanager in französischen, Schweizer und US-amerikanischen Konzernen, kennt er die Erfolgsfaktoren bei Führungsthemen bestens. Er versteht es, wie kaum ein

D. Schenk, *Der Anti-Stress-Trainer für Working Moms*, Anti-Stress-Trainer, https://doi.org/10.1007/978-3-658-34514-3

anderer, auf sein Gegenüber einzugehen, zu analysieren, zu verstehen und zu fühlen. Er liest Fährten, entdeckt Wege und Zugänge und bringt Zuhörer sowie Klienten auf den richtigen Weg.

Peter Buchenau ist Ihr Gefährte, er begleitet Sie bei der Umsetzung Ihres Weges, damit Sie Spuren hinterlassen – Spuren, an die man sich noch lange erinnern wird. Der mehrfach ausgezeichnete Chefsache-Ratgeber und Geradeausdenker (denn der effizienteste Weg zwischen zwei Punkten ist immer noch eine Gerade) ist ein Mann von der Praxis für die Praxis, gibt Tipps vom Profi für Profis. Heute ist er auf der einen Seite Vollblutunternehmer und Geschäftsführer, auf der anderen Seite Sparringspartner, Mentor, Autor, Kabarettist und Dozent an Hochschulen. In seinen Büchern, Coachings und Vorträgen verblüfft er die Teilnehmer mit seinen einfachen und schnell nachvollziehbaren Praxisbeispielen. Er versteht es vorbildhaft und effizient, ernste und kritische Sachverhalte so unterhaltsam und kabarettistisch zu präsentieren, dass die emotionalen Highlights und Pointen zum Erlebnis werden.

Stress ist laut der WHO die gefährlichste Krankheit des 21. Jahrhunderts. Stress wirkt aber von Mensch zu Mensch und somit auch von Berufsgruppe zu Berufsgruppe verschieden. Die von Peter Buchenau initiierte Anti-Stress-Trainer-Reihe beschreibt wichtige berufsgruppenspezifische Stressfaktoren und mögliche Lösungsansätze. Zu der Reihe lädt er ausschließlich Experten aus der jeweiligen Berufsgruppe als Autor ein, die sich des Themas Stress angenommen haben. Als Zielgruppe sind hier Kleinunternehmer, Vorgesetzte und Inhaber in mittelständischen Unternehmungen sowie Führungskräfte in öffentlichen Verwaltungen und Konzernen und alle, die sich mehr mit dem Thema Stressbewältigung beschäftigen möchten, angesprochen.

Mehr zu Peter Buchenau unter www.peterbuchenau.de

Printed in the United States
by Baker & Taylor Publisher Services